Gestión del marketing y comunidades virtuales

avanza editorial

Editado por:
EDITORIAL FAE, S.L.U.
Correo electrónico: editorial@editorialfae.com

Gestión del marketing y comunidades virtuales
Beatriz Coronado García

1ª Edición

ISBN: 978-84-1135-391-5

Impreso en España

Índice

U. A. 4. Marketing aplicado a producto

U. A. 5. Gestión proveedores

U. A. 6. Comunicación interna

U. A. 7. Las redes sociales

Introducción

Objetivos

1. Definición de entorno 2.0, como las redes sociales lo han cambiado todo
2. Cómo desarrollar e implementar una estrategia social media de una forma coherente, simple y diferente
3. Uso correcto de Facebook como herramienta clave de una correcta estrategia social media
4. Cómo 140 caracteres son capaces de crear oportunidad. Relevancia. Customer Care. RRPP e información pura y directa de nuestros clientes y competencia. Twitter, 200 millones y creciendo
5. Integración del blog como herramienta de comunicación y marketing de la marca. Creación. Organización, de qué hablar, cuándo y cómo
6. LinkedIn la red de contactos profesionales que multiplica las oportunidades de usuarios y empresas. Configuración de un perfil eficiente que ofrezca oportunidades de negocio
7. Buscando mayor efectividad, mejor expresión, más atención y viralidad. El vídeo y YouTube los mejores aliados del presente y mucho más del futuro
8. Organización del día a día de un Comunity Manager, ser eficaz siempre y en todo lugar
9. Medición, Retorno de Inversión, Eficacia de campañas. No hay una regla de oro, solo la medición descubrirá que funciona mejor para la comunidad de la marca

RESUMEN

GLOSARIO

EJERCICIOS DE AUTOEVALUACIÓN

U. A. 1. Prospección

Introducción

En la era digital, la capacidad de detectar y anticiparse a las transformaciones del mercado es un factor clave para la innovación y la competitividad de las marcas.

Esta unidad aborda las herramientas y metodologías fundamentales para analizar el entorno digital, captar tendencias emergentes y comprender los nuevos hábitos de consumo mediante la prospección digital, el *coolhunting* y el *shopping* experiencial.

A través del estudio de casos, el uso de plataformas tecnológicas y la aplicación de estrategias centradas en el usuario, se busca dotar al alumnado de una visión práctica y actualizada sobre cómo conectar de forma efectiva con las audiencias en entornos digitales cambiantes.

Objetivos

- Identificar las principales tendencias digitales.
- Comprender el concepto de *coolhunting* y su aplicación en la gestión de comunidades virtuales.
- Reconocer las claves del *shopping* experiencial.

1. Evaluación tendencias, *coolhunting* y shopping

El estudio de tendencias y la prospección digital son elementos esenciales para anticiparse a los cambios.

La prospección digital hace referencia a un proceso organizado que permite localizar, analizar y captar posibles clientes a través de medios digitales. A diferencia de los métodos tradicionales basados en el contacto físico o telefónico, esta forma de prospección utiliza datos en tiempo real, inteligencia artificial y plataformas especializadas para comprender mejor cómo se comportan los usuarios.

El proceso suele comenzar con la identificación de visitantes que interactúan con una marca, ya sea mediante una web o redes sociales, aunque no dejen datos concretos. Cuando estos usuarios proporcionan información básica, como un nombre o un correo electrónico, se convierten en contactos potenciales que pueden ser segmentados. Si además realizan acciones específicas como descargar un recurso o registrarse en un evento, pasan a clasificarse como leads. A partir de ahí, se evalúa su valor mediante herramientas como los CRM, que analizan su historial de interacción y nivel de interés.

Fig. 1. La progresión de la prospección digital avanza desde la identificación de usuarios anónimos hasta la conversión en leads cualificados listos para la acción comercial

Anotación

Esta estrategia permite asignar los recursos de manera eficiente, priorizando a quienes tienen más probabilidades de realizar una compra.

Detectar patrones emergentes en la cultura digital, los hábitos de consumo y las preferencias tecnológicas permite a las marcas adaptarse con agilidad. En un escenario donde las audiencias se fragmentan y los ciclos de innovación se aceleran, analizar tendencias se ha vuelto una necesidad estratégica.

Algunas metodologías para captar estas señales incluyen el seguimiento de redes sociales mediante plataformas como Metricool o BuzzSumo, que permiten observar menciones, hashtags y contenidos virales.

Además, los sistemas de análisis predictivo, basados en inteligencia artificial, como los que ofrece HubSpot, permiten proyectar tendencias en función de datos anteriores.

Por su parte, el *coolhunting* digital combina técnicas de análisis cuantitativo con observación cualitativa para detectar innovaciones en sus fases iniciales, como ocurrió con la aparición de contenidos comprables en TikTok o el uso de personajes virtuales en plataformas inmersivas.

Vocabulario

El **coolhunting** o "caza de tendencias", es una metodología que consiste en identificar, rastrear y analizar tendencias emergentes en el entorno digital, especialmente dentro de comunidades virtuales como redes sociales, foros y plataformas especializadas. Su objetivo es anticipar cambios en gustos, intereses y comportamientos de los usuarios para que las marcas puedan adaptarse con rapidez, innovar y conectar mejor con su audiencia.

Dentro de las soluciones más utilizadas para gestionar este tipo de estrategias se encuentran los sistemas CRM como Salesforce o Prozer.io, que permiten automatizar envíos de correos personalizados, realizar segmentaciones detalladas y visualizar oportunidades comerciales mediante paneles interactivos.

En cuanto a la detección de tendencias, destacan herramientas como Google Trends, que permite ver el interés creciente en determinados temas, o Tableau, que convierte datos en gráficos comprensibles para detectar relaciones entre variables. Adobe Analytics es otra opción robusta para valorar el rendimiento de campañas digitales y comprender el impacto de cada interacción.

Las tecnologías emergentes también están transformando el sector. Las soluciones de inteligencia artificial generativa, como ChatGPT, facilitan la creación de contenido adaptado al perfil del cliente, reduciendo los tiempos de producción. Por otro lado, la realidad aumentada, como la implementada por IKEA, permite al usuario experimentar el producto antes de comprarlo, aumentando la seguridad en la decisión.

La verdadera eficacia de estas prácticas se alcanza cuando forman parte de una estrategia general de marketing. Por ejemplo, Coca-Cola ha sabido aplicar la prospección mediante el uso de datos obtenidos por cookies y redes sociales para detectar a seguidores de deportes concretos. Al mismo tiempo, el análisis de tendencias les reveló una mayor demanda de productos bajos en azúcar por parte de los jóvenes. Como respuesta, lanzaron ediciones personalizadas en colaboración con plataformas como Twitch, logrando una conexión directa con su público objetivo y un aumento notable en la participación.

Sin embargo, existen errores comunes que deben evitarse. Confiar en exceso en la automatización puede perjudicar la experiencia del cliente, ya que muchas personas aún valoran el trato humano en ciertos momentos clave. Asimismo, pedir información sin justificación puede generar desconfianza y provocar el abandono del sitio web.

 **Saber más**

Los próximos avances traerán consigo transformaciones profundas en esta disciplina. Se prevé el uso de réplicas digitales de usuarios (gemelos digitales) para probar campañas antes de lanzarlas. Además, la incorporación del neuromarketing mediante dispositivos portables permitirá analizar las emociones de los usuarios mientras navegan, ofreciendo datos precisos sobre su reacción ante diferentes estímulos.

También se vislumbra el uso del *blockchain* en la relación marca-cliente, permitiendo a los usuarios comercializar directamente sus propios datos con empresas, lo que incrementará la transparencia y la confianza en los procesos.

A. Coolhunting aplicado a comunidades virtuales

Como sabemos, el *coolhunting* es una técnica clave para identificar tendencias emergentes y temas de interés en comunidades digitales, monitorizando canales y redes sociales para captar señales que puedan convertirse en oportunidades de contenido o producto.

El *coolhunting* funciona en comunidades virtuales a través del siguiente proceso:

1. **Observación y recopilación de datos.** El primer paso del *coolhunting* es la observación activa de lo que ocurre en las plataformas digitales. Los *coolhunters* monitorizan conversaciones, hashtags, publicaciones virales, memes, retos y cualquier señal que indique un cambio o novedad en las preferencias de los usuarios. Para ello, se utilizan herramientas como:

    o Monitorización de redes sociales (por ejemplo, X, Instagram, TikTok).

    o Google Trends para detectar temas en alza.

    o Herramientas SEO para analizar palabras clave y búsquedas populares.

    o Plataformas de escucha social basadas en inteligencia artificial.

2. **Identificación de patrones y análisis.** Después de recopilar datos, el *coolhunter* analiza la información para identificar patrones y conexiones entre los intereses de la comunidad. Se presta especial atención a los comportamientos repetidos, temas que generan mucho *engagement* y la aparición de nuevos líderes de opinión o *influencers* que marcan tendencia.

3. **Selección y validación de tendencias.** No todas las tendencias detectadas serán relevantes o útiles para la marca. Por eso, es fundamental evaluar cuáles se alinean con los valores y objetivos de la empresa, y cuáles tienen potencial para convertirse en oportunidades de contenido, producto o servicio.

4. **Implementación y seguimiento.** Una vez seleccionadas las tendencias más prometedoras, se integran en la estrategia de marketing y comunicación de la comunidad virtual. Esto puede implicar crear contenido adaptado, lanzar productos innovadores o ajustar el tono y estilo de las publicaciones. El proceso es dinámico: es necesario monitorizar la respuesta del público y ajustar las acciones según la evolución de la tendencia.

Fig. 2. El ciclo del coolhunting en comunidades virtuales va de la observación a la implementación, pasando por la identificación de patrones y la selección de tendencias

Las principales ventajas del *coolhunting* en comunidades virtuales son:

- Detectar oportunidades de negocio antes que la competencia, permitiendo innovar y lanzar productos o servicios alineados con las necesidades emergentes del mercado.
- Reducir el riesgo de invertir en acciones que no conectan con la audiencia, ya que las decisiones se basan en datos reales y actuales.
- Mejorar el posicionamiento web y el *engagement*, al crear contenido relevante y de actualidad que responde a los intereses y conversaciones de la comunidad.
- Fomentar la innovación y la adaptación continua, posicionando a la marca como referente en su sector.

Ejemplo

Imagina una marca de ropa que detecta, a través del *coolhunting*, que en una comunidad de TikTok están creciendo los vídeos sobre moda sostenible y reciclaje de prendas. La marca puede aprovechar esta tendencia para lanzar una campaña de reciclaje, crear tutoriales de *upcycling* y colaborar con *influencers* que ya están hablando del tema. Así, conecta de manera auténtica con su audiencia y se posiciona como innovadora y responsable.

B. Shopping experiencial y *engagement* en redes sociales

El shopping digital y experiencial se ha transformado gracias a la integración del comercio social en plataformas como Instagram, TikTok y Pinterest, donde los usuarios pueden comprar sin salir de la red social, facilitando la conversión y la fidelización.

El *shopping* experiencial y el *engagement* en redes sociales son dos conceptos que hoy en día van de la mano en el marketing digital. Las nuevas tecnologías y el uso masivo de las redes sociales han revolucionado la forma en la que las personas descubren, interactúan y compran productos. Veamos en detalle cómo funciona este proceso y por qué es tan importante para las marcas:

El *shopping* experiencial consiste en ofrecer al usuario mucho más que una simple compra: se trata de crear una experiencia memorable y personalizada durante todo el proceso, desde el descubrimiento del producto hasta la postventa. En el entorno digital, esto se logra integrando el comercio directamente en las redes sociales, lo que se conoce como comercio social.

Ejemplo

A continuación, se exponen tres ejemplos de comercio social:

- En Instagram, puedes ver un producto en una foto o vídeo y comprarlo directamente desde la app, sin salir de la red social.
- En TikTok, los vídeos pueden incluir enlaces a productos para comprarlos mientras ves el contenido.
- En Pinterest, los pines de productos llevan directamente a la compra, facilitando la conversión.

Este tipo de integración hace que el proceso de compra sea más rápido, sencillo y atractivo para el usuario, lo que aumenta las probabilidades de que finalice la compra y vuelva en el futuro.

Por su parte, el *engagement* se refiere al nivel de interacción, participación y compromiso que los usuarios tienen con una marca en redes sociales. Un alto *engagement* significa que la comunidad está activa, interesada y conectada emocionalmente con la marca.

Fig. 3. El engagement es la conexión emocional que se genera entre una marca y su audiencia, y que se traduce en interacción, fidelidad y participación

El *engagement* se puede potenciar a partir de tres aspectos esenciales:

- **Creando espacios de diálogo:** Hacer preguntas, lanzar encuestas, pedir opiniones y fomentar la participación.

- **Respondiendo activamente:** Contestar comentarios, mensajes y menciones demuestra que la marca escucha y valora a su comunidad.
- **Usando formatos innovadores:** Los vídeos cortos, los directos (*livestreaming*), los *challenges* y el contenido interactivo (como encuestas o *quizzes*) son muy efectivos para captar la atención y animar a los usuarios a interactuar.

El uso del comercio en redes sociales aporta muchas ventajas para las marcas. Por un lado, permite que las personas compren sin salir de la propia red social, lo que hace el proceso más rápido y cómodo, y reduce las posibilidades de que abandonen la compra a mitad.

Además, cuando la experiencia de compra es agradable y se adapta a los gustos del usuario, es más probable que ese cliente repita y recomiende la marca a otras personas. Por último, al interactuar con la audiencia y generar vínculos reales, las marcas no solo venden, sino que construyen una comunidad de seguidores fieles que se sienten parte del proyecto y lo apoyan activamente.

Ejemplo

Imagina una marca de cosméticos que lanza un nuevo producto en Instagram. Hace un directo (*livestreaming)* mostrando cómo se usa, responde preguntas en tiempo real y ofrece un descuento exclusivo para quienes compren durante el evento. Además, anima a los usuarios a compartir sus resultados usando un *hashtag*. Así, además de vender el producto, crea una experiencia interactiva y fortalece la relación con su comunidad.

Resumen

La prospección digital y el análisis de tendencias son herramientas clave en el marketing actual, ya que permiten a las marcas adelantarse a los cambios del entorno digital y conectar mejor con su público. A través del uso de datos en tiempo real, inteligencia artificial y plataformas como los CRM, es posible identificar usuarios interesados, convertirlos en contactos y analizar su comportamiento para priorizar acciones comerciales. Además, detectar tendencias emergentes a través del seguimiento de redes sociales o herramientas como Google Trends ayuda a las empresas a adaptar su estrategia de forma ágil y precisa. Técnicas como el *coolhunting digital* permiten observar qué temas o comportamientos están creciendo dentro de las comunidades virtuales y aprovecharlos como oportunidades de innovación y comunicación.

Por otro lado, el *shopping experiencial* y el *engagement* en redes sociales han cambiado la forma en que las personas compran y se relacionan con las marcas. Comprar directamente desde plataformas como Instagram o TikTok hace que el proceso sea más rápido y cómodo, y mejora la fidelidad del cliente.

Más allá de la venta, las marcas buscan generar experiencias personalizadas y construir comunidades activas. Crear espacios de diálogo, responder a los usuarios y utilizar formatos interactivos como vídeos o encuestas refuerza el vínculo emocional con la audiencia. Todo esto convierte al marketing digital en una estrategia dinámica, donde observar, adaptarse e innovar son pasos clave para destacar y mantenerse relevante.

Glosario

Análisis de tendencias

Estudio de patrones emergentes en los hábitos del consumidor, la tecnología o la cultura digital, que permite a las marcas anticiparse y adaptarse a los cambios del mercado.

Comercio social (*Social commerce*)

Integración de la compra de productos dentro de redes sociales, permitiendo al usuario adquirir directamente sin salir de la plataforma, mejorando la conversión.

Contenido interactivo

Formato de comunicación digital que permite al usuario participar activamente (encuestas, *quizzes*, vídeos con opciones, etc.), aumentando la atención y el *engagement*.

Coolhunting

Técnica de detección y análisis de tendencias emergentes dentro de comunidades digitales, con el objetivo de anticiparse a nuevos intereses o comportamientos del público.

CRM (Customer Relationship Management)

Sistema que permite gestionar y analizar las interacciones con clientes y leads, automatizando tareas, segmentando audiencias y visualizando oportunidades de venta.

Engagement

Nivel de conexión, interacción y compromiso emocional que los usuarios desarrollan con una marca, expresado a través de *likes*, comentarios, compartidos o participación en dinámicas.

Escucha social (*Social listening*)

Monitorización de conversaciones, menciones y tendencias en redes sociales para conocer la opinión pública sobre una marca o tema y detectar oportunidades de mejora o innovación.

Inteligencia artificial generativa

Tecnología que permite crear contenido automáticamente (como textos, imágenes o vídeos) a partir de algoritmos entrenados, facilitando la personalización y reduciendo tiempos de producción.

Lead

Usuario que ha mostrado interés por una marca dejando voluntariamente sus datos de contacto, lo que permite a la empresa iniciar un proceso de seguimiento comercial.

Prospección digital

Proceso de identificación y captación de clientes potenciales a través de medios digitales, utilizando datos en tiempo real, plataformas automatizadas y análisis de comportamiento en línea.

Ejercicios de autoevaluación

1. ¿Qué es la prospección digital?

    a. La publicación de anuncios en redes sociales.

    b. El análisis de campañas publicitarias tradicionales.

    c. El proceso de localizar, analizar y captar clientes a través de medios digitales.

    d. La atención al cliente automatizada.

2. ¿Cuál es la finalidad de los sistemas CRM en marketing digital?

    a. Crear imágenes para redes sociales.

    b. Gestionar contactos y automatizar comunicaciones con clientes potenciales.

    c. Medir el tiempo de conexión a internet.

    d. Compartir contenido visual en TikTok.

3. ¿Qué permite identificar el análisis de tendencias en entornos digitales?

    a. Fallos técnicos en las páginas web.

    b. Opiniones negativas sobre una marca.

    c. Cambios en los hábitos de consumo y preferencias del público.

    d. La calidad de los productos.

4. ¿Qué es el *coolhunting* aplicado a comunidades virtuales?

a) La identificación y análisis de tendencias emergentes en redes sociales y foros.

b) El análisis de facturas y compras.

c) La búsqueda de errores en aplicaciones móviles.

d) El control de precios en *marketplaces*.

5. ¿Qué herramienta se utiliza para observar tendencias en búsquedas de los usuarios?

    a. Canva.

    b. Salesforce.

    c. Google Trends.

    d. Prozer.io.

6. ¿Qué caracteriza al shopping experiencial?

    a. Se basa solo en descuentos.

    b. Es exclusivo de tiendas físicas.

    c. Ofrece al usuario una experiencia de compra completa y personalizada dentro de redes sociales.

    d. No permite interacción entre marca y usuario.

7. ¿Qué es el *engagement* en redes sociales?

    a. El número de seguidores que tiene una cuenta.

    b. El nivel de interacción, fidelidad y conexión emocional entre marca y audiencia.

    c. Las ventas mensuales.

    d. El diseño del logotipo.

8. ¿Cuál es el primer paso del ciclo de *coolhunting*?

    a. Observación y recopilación de datos en plataformas digitales.

    b. Implementación de una estrategia de ventas.

    c. Creación de una campaña publicitaria.

    d. Segmentación de correos electrónicos.

9. ¿Qué riesgo implica un exceso de automatización en la prospección digital?

   a. Mejora el alcance de la marca.

   b. Reduce el tiempo de respuesta al cliente.

   c. Puede perjudicar la experiencia del usuario por falta de trato humano.

   d. Mejora la personalización de los productos.

10.¿Qué ventaja aporta el comercio social a las marcas?

   a. Aumenta los costes logísticos.

   b. Facilita la conversión al permitir comprar sin salir de la red social.

   c. Disminuye la fidelización de clientes.

   d. Reduce la interacción con el público.

U. A. 2. Herramientas y estrategias de desarrollo de colección

Introducción

En el dinámico mundo de la moda, las colecciones son mucho más que un conjunto de prendas: representan una estrategia cuidadosamente diseñada para responder a las exigencias del mercado, anticipar tendencias y consolidar la identidad de marca.

Esta unidad profundiza en los distintos tipos de colecciones existentes, desde las tradicionales de temporada —ligadas a los ciclos primavera/verano y otoño/invierno— hasta formatos más flexibles y estratégicos como las colecciones crucero, reprise o de pronto moda. Cada una cumple una función específica en la industria, adaptándose a diferentes momentos del año, perfiles de consumidores y necesidades de reposición o innovación constante.

Además, se abordarán las estrategias clave para el desarrollo y el lanzamiento de estas colecciones. Desde la planificación creativa hasta la puesta en el mercado, el proceso implica el uso de herramientas específicas y decisiones tácticas que afectan tanto al diseño como a la logística y la comercialización.

Objetivos

- Identificar los distintos tipos de colecciones y comprender sus características y momentos de lanzamiento.
- Conocer las principales estrategias utilizadas para desarrollar, estructurar y comercializar colecciones adaptadas al mercado.

1. Definición de estructura y lanzamiento de Colecciones de Temporada, Colecciones Crucero, Reprise y Pronto Moda

El desarrollo de colecciones en moda es fundamental para responder a las necesidades del mercado y mantener la atención de los consumidores durante todo el año, especialmente en el contexto digital y de comunidades virtuales.

A continuación, se explican los principales tipos de colecciones y su relevancia en la gestión del marketing actual.

Fig. 1. Los diferentes tipos de colecciones en moda permiten a las marcas adaptarse al ritmo del mercado, conectar con distintos públicos y mantener la atención del consumidor durante todo el año

Las colecciones de temporada son el formato más tradicional en la industria de la moda y siguen marcando el ritmo anual de producción, venta y comunicación de las marcas. Funcionan como el eje estructural sobre el que se organizan los catálogos, las campañas publicitarias y los desfiles, tanto a nivel nacional como internacional.

Se dividen en dos grandes ciclos anuales, que coinciden con las estaciones más marcadas del año:

Primavera / Verano:

- **Prendas**: ligeras, frescas, cómodas.
- **Tejidos**: algodón, lino, viscosa, tejidos fluidos.
- **Colores**: tonos claros, vivos y alegres (blanco, coral, azul cielo, verde lima...).
- **Estilo**: más informal y desenfadado, pensado para el calor y el ocio.

Otoño / Invierno:

- **Prendas**: abrigadas, de mayor cobertura (abrigos, chaquetas, jerséis gruesos).
- **Tejidos**: lana, pana, terciopelo, cuero, tejidos técnicos.
- **Colores**: oscuros, neutros y cálidos (negro, burdeos, marrón, gris...).
- **Estilo**: más formal y funcional, adaptado al frío y a eventos interiores.

Desde una perspectiva comercial, las colecciones de temporada requieren una planificación cuidadosa que comienza con muchos meses de antelación. Las marcas no improvisan: organizan con tiempo el diseño, la producción, la comunicación y la distribución de cada colección, ajustándose al calendario de la moda internacional. Esto se debe a que la presentación pública de estas colecciones —ya sea en grandes pasarelas, en catálogos impresos o digitales, o a través de redes sociales— supone uno de los momentos más relevantes del año para cualquier firma. Generan una expectación mediática y comercial muy alta, tanto entre los consumidores como entre profesionales del sector.

Además, estos lanzamientos cumplen un papel mucho más amplio que el puramente comercial. Para las marcas, no se trata solo de vender prendas, sino de reforzar su identidad, proyectar una imagen coherente con sus valores y estilo, y, sobre todo, marcar tendencia. Quien presenta una colección impactante puede ganar visibilidad, convertirse en referente y posicionarse estratégicamente frente a la competencia. Por otro lado, estos ciclos estacionales también funcionan como una guía clara para toda la cadena de trabajo de la industria: orientan a los diseñadores, que adaptan sus propuestas al momento del año; a los compradores, que planifican sus pedidos; y a los estilistas y escaparates, que construyen discursos visuales acordes con cada colección. En conjunto, las colecciones de temporada siguen siendo una pieza clave del engranaje que mueve el mercado de la moda.

Las **colecciones crucero**, también llamadas *resort*, *cruise* o *pretemporada*, son una categoría especial dentro del calendario de la moda. Se sitúan estratégicamente entre las dos grandes colecciones del año —primavera/verano y otoño/invierno—, y su objetivo es mantener el interés del público durante esos meses intermedios. Surgieron a principios del siglo XX, cuando las marcas de alta costura comenzaron a diseñar ropa ligera, elegante y exclusiva para un perfil muy concreto: mujeres de clase alta que viajaban en invierno a lugares cálidos y necesitaban prendas adecuadas para ese estilo de vida. Aunque nacieron con un público reducido en mente, hoy en día se han democratizado y se dirigen a una clientela mucho más amplia gracias a la globalización y al auge del turismo internacional.

En cuanto al concepto de estas colecciones, destacan por ofrecer prendas con un aire relajado, vacacional y sofisticado. Suelen incluir vestidos ligeros, trajes de baño, blusas frescas, sandalias o sombreros, elaborados en tejidos como lino o algodón. La inspiración suele venir de destinos paradisíacos o exóticos, y los colores son vivos, con estampados tropicales o marinos que evocan ideas como el lujo, el descanso o la aventura. Aunque su función inicial era cubrir las necesidades de las llamadas *jetsetters* —personas con alto poder adquisitivo que viajaban en cualquier época del año—, hoy también se dirigen a consumidores interesados en la exclusividad, la diferenciación y la anticipación de tendencias. Muchas personas ven en estas colecciones la posibilidad de acceder a algo único, diferente a lo que encontrarán más adelante en temporada.

Estas colecciones suelen lanzarse al mercado entre noviembre y enero, un momento en el que ya han pasado las colecciones de otoño/invierno, pero todavía no han comenzado las de primavera/verano. Esto permite a las marcas mantener un flujo constante de novedades, evitando periodos sin movimiento comercial. Los desfiles, sin embargo, se suelen celebrar en mayo, y son muy distintos a los tradicionales: muchas veces se organizan en destinos espectaculares —playas, islas privadas, ciudades históricas— y se convierten en eventos exclusivos con gran impacto mediático, más pensados para crear contenido viral que para cumplir con un calendario oficial, ya que no hay una Semana de la Moda específica para esta categoría.

Fig. 2. Colección Crucero 2025 de Dior, que fue presentada en los jardines históricos del Castillo Drummond, en Escocia

En términos de marketing y comunicación digital, las colecciones crucero tienen un gran valor. Permiten a las marcas seguir conectadas con su público durante todo el año, aprovechando momentos donde no hay lanzamientos oficiales. Los escenarios exóticos donde se presentan, las colaboraciones con *influencers* y celebridades, y la edición limitada de las prendas crean una sensación de urgencia y deseo en el consumidor. Esto se traduce en más interacción en redes sociales, mayor visibilidad y un *engagement* emocional con el estilo de vida que la marca transmite: viajar, relajarse y disfrutar de experiencias únicas.

 **Saber más**

Un ejemplo reciente de colección crucero lo encontramos en la Cruise Collection 2025 de Dior, presentada en los jardines históricos del Castillo Drummond, en Escocia. El desfile exhibió prendas inspiradas en la estética y herencia cultural escocesa, y, sirvió como homenaje a la conexión histórica entre la firma y este país, una relación que se remonta a mediados del siglo XX. Este tipo de iniciativas reflejan perfectamente el espíritu de las colecciones crucero: lugares emblemáticos, inspiración local y una propuesta exclusiva pensada para un público internacional que valora la experiencia tanto como el diseño.

Del mismo modo, otras casas de lujo como Chanel, Gucci, Louis Vuitton o Max Mara apuestan por este formato, presentando sus colecciones en escenarios icónicos como el Lago de Como, Marsella, Barcelona o Venecia. Estos desfiles no son solo lanzamientos de moda, sino verdaderos eventos culturales que combinan diseño, patrimonio y turismo, y que logran captar la atención de medios, *influencers* y comunidades virtuales en todo el mundo.

Las colecciones reprise se han convertido en una herramienta muy útil dentro de la estrategia de muchas marcas de moda. Frente al modelo tradicional de lanzar dos grandes colecciones al año, esta opción permite mantener la oferta activa y atractiva durante todo el año, aportando dinamismo y frescura al catálogo sin necesidad de crear desde cero. Se trata de una forma inteligente de aprovechar el éxito de ciertos productos que ya han funcionado bien en temporadas anteriores y que siguen teniendo demanda entre los consumidores.

En esencia, una colección reprise consiste en la reposición o reedición de prendas o accesorios populares, ya sea tal como se lanzaron originalmente o con pequeñas variaciones (como un nuevo color, un tejido diferente o un cambio en los acabados). De este modo, las marcas pueden ofrecer algo "nuevo" sin renunciar a lo que ya saben que funciona. Esta estrategia reduce riesgos, mejora la gestión de inventario y mantiene el interés del público durante periodos en los que, de otro modo, no habría novedades destacadas.

Además, evita que los productos más demandados desaparezcan rápidamente del mercado, algo que puede frustrar a los clientes y hacerles perder interés en la marca.

Entre sus características más importantes, destacan:

- **Reposición planificada**: Se vuelve a poner a la venta lo que ya ha tenido éxito, con o sin modificaciones.
- **Ediciones limitadas o especiales**: Muchas veces se presentan como una reedición exclusiva, generando una sensación de escasez y urgencia.
- **Actualización continua**: Esta estrategia permite que el catálogo esté siempre en movimiento, lo que estimula la compra por impulso y evita que el consumidor perciba la oferta como estancada.

 **Saber más**

¿Sabías que las Nike Air Jordan 1 son un ejemplo perfecto de colección reprise? Desde su lanzamiento original en 1985, Nike ha reeditado este modelo en múltiples ocasiones, añadiendo nuevos colores y materiales, pero manteniendo su diseño clásico. Esta estrategia permite a la marca revivir el interés del público, aprovechar el valor nostálgico del producto y mantener su presencia activa en el mercado durante todo el año. Una forma inteligente de combinar historia, tendencia y fidelización.

Desde el punto de vista del marketing y la comunicación digital, las colecciones reprise ofrecen muchas ventajas. Permiten a las marcas mantener el contacto constante con su comunidad online, anunciando el regreso de productos muy esperados o solicitados. Esto genera expectación en redes sociales, impulsa conversaciones y crea contenido que involucra a la audiencia. Además, la marca puede usar el *feedback* de los propios clientes para decidir qué reeditar, fomentando así una relación más participativa.

 **Ejemplo**

Un ejemplo práctico sería una marca que, tras lanzar una chaqueta que se vuelve viral en redes sociales, decide relanzarla meses después en nuevos colores. Para hacerlo, invita a su comunidad a votar en Instagram por su combinación favorita. Así, no solo se aprovecha un producto exitoso, sino que se genera interacción, se fortalece el vínculo con la audiencia y se mejora la fidelidad hacia la marca.

La **pronto moda**, conocida a nivel internacional como *fast fashion*, es un modelo de negocio que ha revolucionado la forma en que se produce, distribuye y consume la moda.

A diferencia del calendario tradicional basado en temporadas fijas, este enfoque se centra en la renovación constante de las colecciones, ofreciendo prendas inspiradas en las últimas tendencias casi en tiempo real. La clave de este sistema es la rapidez de respuesta: las marcas detectan lo que está de moda y, en cuestión de semanas, lo transforman en productos accesibles disponibles en tiendas físicas y online.

Fig. 3. Zara ejemplifica el modelo de pronto moda al renovar constantemente sus colecciones y adaptar sus diseños a las tendencias emergentes con gran rapidez

Marcas como Zara, H&M o Primark son referentes en este modelo. Observan lo que sucede en las pasarelas, en los perfiles de *influencers*, en las calles y en plataformas como Instagram o TikTok, y producen nuevas prendas en tiempo récord. Así, el proceso de diseño, fabricación y distribución se reduce a unas pocas semanas (a veces, entre 2 y 4), lo que permite poner a la venta productos muy actuales casi al instante. Esta inmediatez es lo que convierte a la pronto moda en una respuesta directa a la demanda del consumidor moderno, que espera variedad, novedad y precios bajos.

Las principales características de la pronto moda son:

- **Producción acelerada**: Nuevas colecciones cada dos o tres semanas, lo que garantiza una oferta siempre cambiante.

- **Precios accesibles**: Gracias a la producción en masa y a la externalización de la fabricación, los precios se mantienen muy bajos.
- **Fácil acceso a tendencias**: El público puede vestir a la moda sin gastar mucho dinero, lo que fomenta las compras impulsivas y frecuentes.
- **Ciclo de vida corto**: Las prendas están diseñadas para durar poco, ya que se ven rápidamente reemplazadas por nuevas propuestas.
- **Impacto ambiental y social**: Este modelo ha sido muy criticado por su contribución al consumo excesivo, la generación de residuos textiles y, en muchos casos, por condiciones laborales precarias en países productores.

En lo que respecta al marketing digital y la gestión de comunidades virtuales, la pronto moda se apoya en una estrategia muy activa y dinámica. Las marcas monitorizan constantemente las redes sociales para detectar qué estilos, colores y prendas están ganando popularidad. Usan herramientas digitales para rastrear hashtags, analizar tendencias emergentes y observar el comportamiento de los *influencers*. A partir de ahí, lanzan campañas muy específicas y de corta duración, adaptadas a cada microtendencia.

Además, fomentan la interacción directa con su comunidad online, pidiendo opiniones, lanzando encuestas o adaptando su oferta a partir del *feedback* recibido. Esta relación constante con el público no solo les permite reaccionar rápidamente, sino que también refuerza el vínculo emocional con los consumidores, que sienten que la marca escucha y responde a sus preferencias. Sin embargo, este modelo también plantea retos éticos y sostenibles que cada vez más consumidores empiezan a cuestionar, impulsando nuevas formas de consumo responsable dentro del sector de la moda.

El concepto de pronto moda (*fast fashion*) ha servido de inspiración para modelos similares en otros sectores, aunque con diferentes nombres. Se basa en la producción rápida, renovación constante de la oferta, bajo coste y respuesta inmediata a las tendencias del mercado. Este enfoque se ha extendido a otros ámbitos bajo la lógica de lo que podríamos llamar *fast product* o *consumo acelerado*.

Aquí tienes algunos ejemplos:

- **Tecnología (*fast tech*).** Marcas de electrónica, especialmente de telefonía móvil, lanzan nuevas versiones o modelos con gran frecuencia, aunque los cambios sean mínimos (nuevos colores, pequeños ajustes de cámara, etc.). Esto genera un ciclo de renovación constante y presión por estar "a la última". Por ejemplo, algunos modelos de smartphones chinos como Xiaomi o Realme, que lanzan varios dispositivos similares cada pocos meses.

- **Editorial y contenidos digitales.** Plataformas como Amazon Kindle o Wattpad promueven la publicación rápida de libros digitales, a menudo por entregas o series cortas. En el caso del contenido digital (vídeos, *reels*, TikToks...), el ritmo acelerado y la renovación constante del contenido es parte del mismo fenómeno. Por ejemplo, libros autopublicados por capítulos semanales o lanzamientos constantes en plataformas de *streaming*.

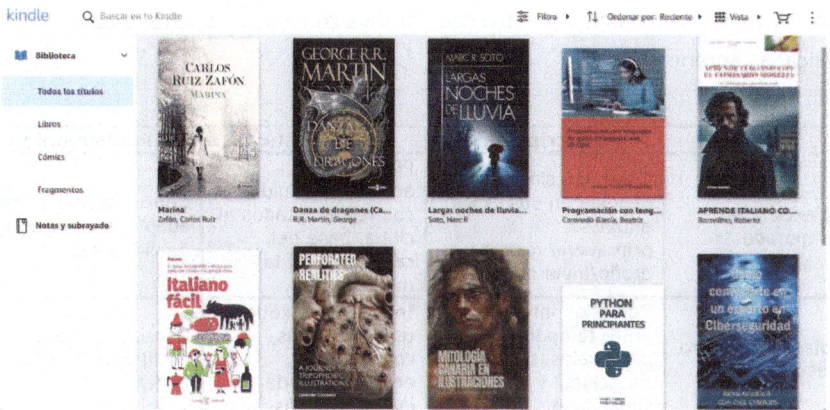

Fig. 4. Amazon Kindle aplica una lógica similar a la pronto moda al permitir la publicación rápida de libros digitales, adaptados a las tendencias del momento y al gusto inmediato del lector, con contenidos breves, accesibles y en constante renovación

- **Decoración y hogar (*fast furniture*).** Algunas marcas de decoración lanzan colecciones rápidas y asequibles inspiradas en tendencias de redes sociales, con productos producidos en masa y rotación frecuente. Por ejemplo, cadenas como

IKEA, Zara Home o H&M Home aplican esta lógica con productos de temporada que cambian constantemente.

- **Alimentación (*fast food* de autor o tendencias alimentarias).** El concepto de *food trends* cambia rápidamente, y muchas marcas o restaurantes diseñan productos efímeros o de moda (matcha, bubble tea, smash burgers...) que duran poco tiempo y se sustituyen por el siguiente fenómeno viral. Por ejemplo, campañas de productos limitados en cadenas como Starbucks o McDonald's.

- **Videojuegos y apps (*fast gaming / fast apps*).** Muchos juegos móviles y aplicaciones sociales se crean para ser rápidamente consumidos, tienen ciclos cortos de vida y se adaptan constantemente a modas (estéticas virales, mecánicas de juego simplificadas, microactualizaciones). Por ejemplo, juegos tipo *hyper-casual* o filtros de realidad aumentada que cambian con las tendencias.

A continuación, se expone una tabla comparativa con los principales tipos de colecciones explicadas anteriormente.

Tipo	Descripción	Características	Público objetivo
Colección de temporada	Colección clásica dividida en dos ciclos anuales: primavera/verano y otoño/invierno.	Planificación anticipada, tejidos y colores adaptados al clima, base del calendario de la moda.	Consumidor general; se adapta al clima y estilo de vida local.
Colección crucero (resort)	Colección intermedia entre temporadas principales, con aire vacacional y sofisticado.	Inspiración exótica, tejidos frescos, colores vivos, edición limitada, eventos exclusivos.	Consumidor que busca exclusividad, *lifestyle* viajero, tendencia.
Colección reprise	Reposición o reedición de productos exitosos de temporadas anteriores.	Reintroducción planificada, posibles variaciones, sensación de exclusividad, continuidad de catálogo.	Clientes fieles, comunidad activa, seguidores de tendencias previas.
Pronto moda (*fast fashion*)	Producción rápida y continua de prendas inspiradas en las últimas tendencias, a bajo coste.	Renovación constante, precios bajos, ciclo corto, consumo impulsivo, gran volumen de producción.	Público joven y digital, con interés por moda accesible y cambiante.

El éxito de una colección de moda no se determina únicamente por la calidad del diseño, sino por una planificación adecuada y el uso de estrategias eficaces que permitan llevarla desde la idea inicial hasta su presentación y comercialización en el mercado.

A continuación, se describen los pasos fundamentales y las herramientas clave que deben tenerse en cuenta durante el desarrollo y lanzamiento de una colección:

En primer lugar, la planificación y desarrollo de la colección. Toda colección requiere una fase previa de preparación que garantice la coherencia entre la propuesta creativa y las demandas del mercado.

A continuación, se expone este proceso:

1. **Investigación y análisis previos**: Antes de iniciar el proceso de diseño, es necesario realizar un estudio de las tendencias actuales, analizar la situación del mercado y conocer las preferencias del público objetivo. Esta fase permite definir el estilo general de la colección y seleccionar las tipologías de prendas con mayor potencial de aceptación.
2. **Diseño y estructuración**: Una vez recopilada la información, se procede a la elaboración de bocetos, la elección de materiales y la determinación del número de piezas que compondrán la colección. También se establecen los plazos clave y se organizan los recursos técnicos y humanos necesarios para llevar a cabo la producción.
3. **Prototipado y ajustes**: Se elaboran prototipos o muestras de las prendas para evaluar aspectos como el corte, el tejido o la caída. A partir de esta evaluación, se realizan las modificaciones necesarias antes de iniciar la producción definitiva.

Fig. 5. La creación de un moodboard es una herramienta útil en la fase de investigación, ya que ayuda a traducir tendencias abstractas en una propuesta visual

Una vez desarrollada la colección, resulta imprescindible definir una estrategia clara para su presentación en el mercado. La forma en que se comunica y se lanza una colección puede marcar la diferencia entre una campaña exitosa y una propuesta que pasa desapercibida.

Por ello, es necesario utilizar herramientas de marketing digital, acciones promocionales y narrativas de marca que conecten con el público y maximicen la visibilidad del proyecto.

Algunas son las siguientes:

- **Generación de expectación previa**: Para despertar el interés del público, se recomienda utilizar adelantos visuales, imágenes del proceso creativo o fragmentos de las nuevas prendas mediante publicaciones en redes sociales o acciones promocionales específicas.
- **Colaboraciones estratégicas**: La colaboración con *influencers*, embajadores de marca o perfiles relevantes en redes sociales puede aumentar la visibilidad de la colección y facilitar su difusión entre públicos afines a los valores de la marca.
- **Organización de eventos exclusivos**: La presentación anticipada de la colección mediante eventos físicos o virtuales permite mostrar el resultado a clientes estratégicos, medios de comunicación e invitados seleccionados.

- **Campañas digitales**: Se aconseja utilizar una combinación de herramientas como redes sociales, vídeos promocionales, publicaciones interactivas y campañas de email marketing para mantener informada a la audiencia, ofrecer ventajas exclusivas y reforzar el vínculo con la marca.
- ***Storytelling***: La narración del proceso creativo, la inspiración o los valores de la colección (como la sostenibilidad o la artesanía) contribuye a reforzar la identidad de marca y a establecer una conexión emocional con el público.
- **Recogida de *feedback* y adaptación**: Una vez lanzada la colección, resulta fundamental recoger opiniones y comentarios a través de redes sociales, encuestas o canales de atención al cliente.

A continuación, se expone un caso práctico resuelto. Moda Arwen, una marca ficticia de ropa urbana y sostenible, está preparando el lanzamiento de su nueva colección primavera/verano 2025. Para garantizar el éxito, el equipo desarrolla una estrategia detallada que integra análisis de tendencias, diseño consciente, acciones en redes sociales y marketing directo.

Todo comienza con una fase de investigación, en la que el equipo de Moda Arwen analiza datos de herramientas como Google Trends, Pinterest Predicts y el rendimiento de publicaciones en su perfil de Instagram. También revisan comentarios y encuestas anteriores en su comunidad digital. Detectan que los estampados florales grandes, los colores pastel como el verde salvia y el lavanda, y los tejidos reciclados certificados (como algodón orgánico GOTS y tencel) están generando gran interés entre su público objetivo, formado mayoritariamente por mujeres de entre 20 y 35 años preocupadas por el medioambiente y las tendencias.

Con esta información, diseñan una colección de 15 prendas clave, entre las que se incluyen vestidos midi, pantalones *palazzo*, camisas *oversize* y camisetas básicas. Todas las piezas están confeccionadas con materiales sostenibles certificados y producidas localmente en talleres de cercanía. El diseño se orienta a la versatilidad y a la funcionalidad urbana, respetando la estética relajada y elegante que identifica a la marca.

Para generar expectación, tres semanas antes del lanzamiento se inicia una campaña en Instagram y TikTok con *teasers* visuales: imágenes recortadas de detalles textiles, vídeos de 15 segundos mostrando el trabajo en el taller, y encuestas interactivas donde los seguidores votan entre combinaciones de color para una de las camisas de la colección. Este contenido se programa tres veces por semana y se publica en horario de máxima interacción (19:00 h – 21:00 h).

A continuación, Moda Arwen colabora con dos microinfluencers especializados en moda sostenible con perfiles de entre 15.000 y 25.000 seguidores, quienes reciben en primicia un conjunto completo. Cada *influencer* comparte un vídeo de *"unboxing"*, un *"try-on haul"* y una reflexión sobre la sostenibilidad de las prendas, logrando más de 50.000 visualizaciones combinadas en tres días. Esta colaboración está acompañada de códigos promocionales exclusivos para sus seguidores.

Dos días antes del lanzamiento, se organiza un evento en directo por Instagram Live, presentado por la fundadora y diseñadora de la marca. En el directo, que dura 30 minutos, se muestra la colección completa, se resuelven preguntas en tiempo real y se sortean dos prendas entre las personas conectadas. Al finalizar el evento, se habilita un acceso anticipado de 24 horas a la tienda online para los asistentes registrados previamente por *newsletter*.

El día del lanzamiento oficial, la marca envía un correo personalizado a su base de datos de más de 7.000 suscriptores, con un diseño visual atractivo, enlaces directos a los productos, un 15 % de descuento para las primeras 100 compras y un mensaje firmado por la diseñadora. La campaña se apoya también en publicaciones de "última llamada" en redes sociales y un recordatorio automatizado seis horas después para quienes abrieron el correo electrónico, pero no finalizaron la compra.

Durante las primeras 48 horas, el equipo monitoriza las ventas a través del panel de *e-commerce* y usa herramientas como Google Analytics y Metricool para analizar qué prendas generan más clics e interacciones. Esto les permite ajustar las creatividades promocionales, priorizar reposiciones y responder con agilidad a los comentarios en redes sociales.

Resumen

Existen distintos tipos de colecciones de moda con características y finalidades específicas. Las colecciones de temporada son las más tradicionales y se dividen en dos grandes ciclos: primavera/verano y otoño/invierno. Requieren una planificación anticipada y definen el calendario anual de producción y ventas. Las colecciones crucero (o resort) se lanzan entre temporadas principales y ofrecen propuestas exclusivas, ligeras y sofisticadas, inspiradas en destinos vacacionales. Las colecciones reprise consisten en reediciones de prendas exitosas, actualizadas con variaciones menores para mantener la oferta activa durante el año.

Por último, la pronto moda (*fast fashion*) se basa en la producción rápida y continua de prendas inspiradas en tendencias actuales, con precios bajos, alta rotación y fuerte impacto comercial, aunque también con importantes implicaciones sociales y ambientales.

En el desarrollo y lanzamiento de cualquier colección, se distinguen tres fases: la investigación y análisis (estudio de tendencias, público y mercado), el diseño estructurado (bocetos, elección de materiales y planificación de recursos), y el prototipado y ajustes (muestras previas y correcciones). Para el lanzamiento, se emplean herramientas como *teasers* visuales, campañas en redes sociales, colaboraciones con *influencers*, eventos de presentación y acciones de email marketing.

También se destaca el uso del *storytelling* para reforzar la identidad de marca y la recogida de *feedback* posterior para adaptar la estrategia comercial a las reacciones del público.

Glosario

Accidente

Un evento inesperado y no deseado que interrumpe el proceso normal de una actividad, resultando en daño o lesión al trabajador.

Colección permanente

Línea de productos que permanece en catálogo de forma continua, sin seguir los ciclos estacionales. Incluye básicos atemporales y prendas icónicas que forman parte de la identidad de la marca.

Feedback

Opinión o reacción del público sobre una colección o campaña. Permite ajustar decisiones de diseño, comunicación o reposición según las preferencias reales de los consumidores.

Influencer

Persona con presencia y credibilidad en redes sociales, capaz de influir en las decisiones de compra de sus seguidores. Se utilizan habitualmente en el marketing de colecciones para aumentar la visibilidad y el alcance.

Lookbook

Documento visual (digital o impreso) que presenta una colección completa mediante fotografías estilizadas. Se utiliza para mostrar cómo combinar las prendas y comunicar el estilo general de la colección.

Precolección

Avance de una colección principal, lanzado semanas o meses antes de la temporada oficial. Permite testar productos en el mercado, generar ingresos anticipados y mantener la atención del consumidor.

Prototipado

Fase del desarrollo de la colección en la que se crean muestras físicas de las prendas para evaluar su diseño, ajuste, materiales y acabados antes de pasar a la producción final.

Rotación de colecciones

Frecuencia con la que una marca cambia o renueva sus productos en tienda. Un alto ritmo de rotación genera interés constante y fomenta la compra por impulso.

***Storytelling* de marca**

Estrategia de comunicación que utiliza narrativas para contar la historia, valores o inspiración detrás de una colección. Refuerza la conexión emocional con el público.

Teaser

Contenido breve y visual que se publica antes del lanzamiento de una colección para generar expectación. Puede incluir detalles de prendas, procesos creativos o encuestas interactivas.

Ejercicios de autoevaluación

1. **¿Cuál es una característica principal de las colecciones de temporada?**

   a. Se lanzan sin planificación previa.

   b. Se componen únicamente por prendas básicas.

   c. Se ajustan al calendario primavera/verano y otoño/invierno.

   d. Se inspiran en destinos turísticos.

2. **¿Qué diferencia a una colección crucero respecto a las colecciones de temporada?**

   a. Está compuesta exclusivamente por ropa de abrigo.

   b. Se lanza durante las semanas de la moda tradicionales.

   c. Ofrece prendas pensadas para el entretiempo y vacaciones.

   d. Solo se vende en puntos de venta físicos.

3. **¿Qué define a una colección reprise?**

   a. Prendas diseñadas exclusivamente para *influencers*.

   b. Productos nuevos creados para mercados internacionales.

   c. Reedición de prendas exitosas con ligeras variaciones.

   d. Colecciones de lujo con fabricación artesanal.

4. **¿Qué modelo de colección se basa en la rotación rápida de productos y precios bajos?**

   a. Colección cápsula.

   b. Pronto moda.

   c. Crucero.

   d. Edición limitada.

5. **¿Cuál de estas opciones forma parte de la fase de desarrollo de una colección?**

   a. Publicación de la colección en redes sociales.
   b. Organización de desfiles.
   c. Prototipado y ajustes.
   d. Análisis de ventas postcampaña.

6. **¿Qué elemento se utiliza habitualmente para generar expectación antes del lanzamiento?**

   a. Etiquetado de prendas.
   b. Campaña de email interno.
   c. Muestras físicas en tienda.
   d. *Teasers* visuales en redes sociales.

7. **¿Qué función tiene el *storytelling* en el marketing de una colección?**

   a. Reducir costes de producción.
   b. Aumentar el número de productos.
   c. Conectar emocionalmente con el público.
   d. Gestionar el inventario.

8. **¿Qué estrategia permite conocer la opinión de la audiencia tras el lanzamiento?**

   a. Lanzamiento sorpresa.
   b. *Feedback* y adaptación.
   c. Estrategia de *pricing*.
   d. Reposición inmediata.

9. ¿Qué tipo de colección se asocia comúnmente con escenarios exóticos y desfiles exclusivos?

    a. Colección cápsula.

    b. Colección crucero.

    c. Colección reprise.

    d. Colección bianual.

10. ¿Qué herramienta es útil para definir el estilo de una colección antes de diseñarla?

    a. Campañas de descuento.

    b. *Influencers*.

    c. Análisis de tendencias.

    d. Sorteos en redes sociales.

U. A. 3. Desarrollo producto

Introducción

El desarrollo de un producto, en cualquier sector, implica una combinación de creatividad, planificación técnica y comunicación estratégica. Desde la generación de ideas hasta la elaboración de fichas técnicas, prototipos y muestras, cada fase debe estar orientada tanto a la viabilidad del diseño como a la experiencia del usuario. En la actualidad, las herramientas digitales permiten presentar productos en entornos virtuales, facilitar el trabajo colaborativo y obtener respuestas rápidas por parte de la comunidad, incluso antes de iniciar la producción final. La creación en entornos 3D, el uso de avatares o la simulación en plataformas interactivas han transformado la manera de diseñar y validar un producto.

Además, una vez iniciada la producción, entran en juego factores como la gestión de la calidad, la sostenibilidad y la trazabilidad, que ya no pueden considerarse aspectos secundarios. Informar de manera clara y abierta sobre estos procesos, a través de redes sociales, eventos digitales o plataformas interactivas, fortalece la relación entre marca y público. Las comunidades virtuales no solo esperan productos útiles o innovadores, sino también valores compartidos, espacios de participación y canales de comunicación transparentes que les permitan involucrarse y sentirse escuchadas.

Objetivos

- Identificar y aplicar las fases clave en el desarrollo y presentación digital de un producto, desde la ideación hasta el prototipo.
- Analizar cómo gestionar adecuadamente la producción, el control de calidad y la comunicación digital, integrando a la comunidad online en el proceso mediante estrategias de participación, información transparente y mejora continua.

1. Ideas, Fichas, Prototipos, Muestras y Producción

Todo comienza con la generación de ideas, que surge a partir del análisis del mercado, la observación de tendencias emergentes, el estudio de la competencia y la participación activa en canales digitales. Muchas propuestas innovadoras nacen de sesiones creativas, datos de comportamiento del consumidor o incluso sugerencias directas de usuarios a través de redes sociales, encuestas o foros especializados.

 **Saber más**

Un caso representativo de cómo se generan ideas en marketing digital es la campaña "Shot on iPhone" de Apple. La marca identificó, mediante el análisis de publicaciones en redes sociales y el seguimiento del comportamiento de sus clientes, que muchas personas compartían imágenes capturadas con sus iPhones y se sentían orgullosas de la calidad fotográfica del dispositivo.

A partir de esta observación surgió la propuesta de impulsar una campaña basada en contenido generado por los propios usuarios, invitándolos a publicar sus fotos con el hashtag #ShotoniPhone. Con esta estrategia, Apple destacó la capacidad técnica de sus cámaras, fomentó la participación activa de su comunidad y consolidó una identidad colectiva en torno al producto. La idea fue validada con la participación y el entusiasmo de los usuarios, y se transformó en una campaña global, con presencia en redes sociales y publicidad tradicional, que logró millones de interacciones y reforzó la imagen de marca.

Este ejemplo evidencia cómo una simple observación del entorno digital puede convertirse en una idea poderosa, capaz de conectar con las emociones e intereses del público, y traducirse en una acción de marketing de alto impacto.

Una vez identificadas las ideas más viables, se procede a la creación de fichas técnicas, que contienen todos los detalles esenciales del producto: materiales, funcionalidades, diseño, costes estimados y condiciones de producción. Estas fichas, en formato digital, permiten trabajar de forma colaborativa entre equipos que pueden estar distribuidos en distintas ubicaciones, facilitando una gestión ágil y actualizada de la información.

PRODUCTO FICHA TÉCNICA

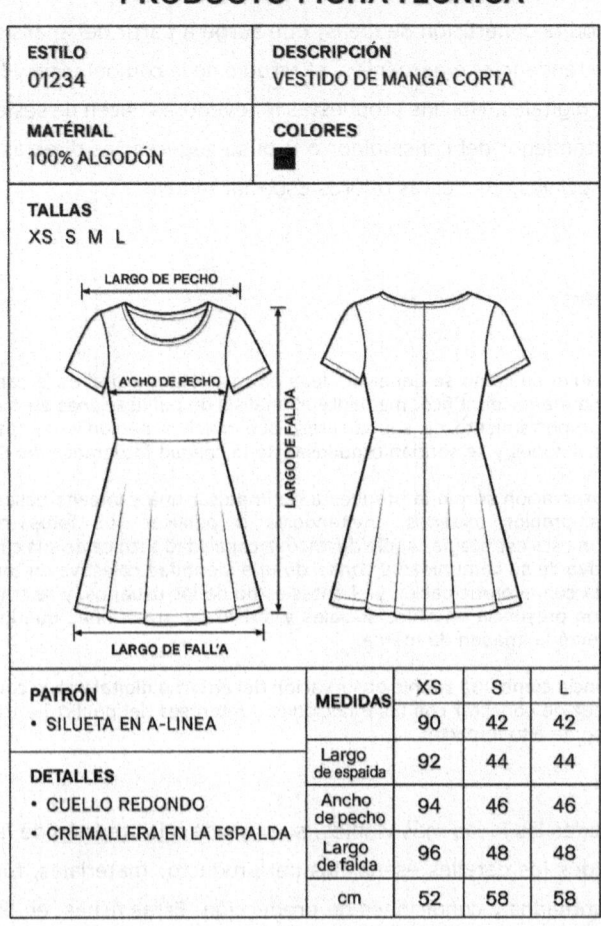

ESTILO	DESCRIPCIÓN
01234	VESTIDO DE MANGA CORTA

MATÉRIAL	COLORES
100% ALGODÓN	■

TALLAS
XS S M L

PATRÓN	MEDIDAS	XS	S	L
• SILUETA EN A-LINEA		90	42	42
	Largo de espalda	92	44	44
DETALLES	Ancho de pecho	94	46	46
• CUELLO REDONDO				
• CREMALLERA EN LA ESPALDA	Largo de falda	96	48	48
	cm	52	58	58

Fig. 1. Una ficha técnica bien elaborada permite estandarizar la producción, facilitar la comunicación entre equipos y asegurar la coherencia en el desarrollo del producto

A continuación, se pasa a la fase de prototipado, que hoy puede realizarse de forma virtual gracias a softwares de simulación. Estos prototipos digitales permiten visualizar el producto, hacer pruebas de uso, detectar fallos y ajustar detalles antes de invertir en su fabricación o desarrollo definitivo. Esto reduce tiempos, minimiza costes y mejora la calidad final.

Cuando el prototipo está validado, se pueden producir muestras físicas o versiones beta, que se ponen a prueba con usuarios seleccionados o con la propia comunidad online.

A través de herramientas de *feedback* como encuestas, plataformas de prueba o comentarios en redes, las empresas recogen opiniones reales que les permiten mejorar y afinar su propuesta antes del lanzamiento definitivo.

Por último, se lleva a cabo la presentación digital del producto, un paso clave para captar la atención del mercado. Con el apoyo de renders 3D, vídeos interactivos, lanzamientos virtuales, presentaciones en redes sociales o incluso entornos inmersivos en el metaverso, las marcas pueden mostrar el producto de forma atractiva, interactiva y global. Los entornos digitales y los avatares permiten que los usuarios experimenten el producto antes de su llegada oficial, generando así mayor implicación, expectativa y participación por parte del público.

Ejemplo

Imagina que una empresa inventa un producto llamado SCart, un carrito eléctrico para la compra diseñado para facilitar la experiencia de los consumidores en supermercados y tiendas grandes. El proceso comienza con la generación de ideas: tras analizar las necesidades de los usuarios en tiendas físicas y observar tendencias en movilidad urbana y tecnología para el hogar, el equipo detecta que muchas personas, especialmente adultos mayores y personas con movilidad reducida, buscan una forma más cómoda y eficiente de hacer la compra. También recogen sugerencias de usuarios en foros y redes sociales que piden carritos que ayuden a transportar las compras sin esfuerzo y que sean fáciles de manejar.

A continuación, se crea una ficha técnica digital para el SCart. En ella se especifican detalles como:

Material resistente y ligero para la estructura, con acabado anticorrosivo.

- Capacidad de carga de 50 kg.
- Motor eléctrico silencioso con autonomía de hasta 10 km por carga.
- Batería recargable con puerto USB para carga rápida.
- Ruedas giratorias de goma para facilitar el movimiento en pasillos estrechos.
- Sistema de frenado automático para seguridad.
- Dimensiones compactas para maniobrar en espacios reducidos.
- Peso total aproximado de 12 kg.
- Precio estimado y costes de producción.

Esta ficha se comparte con los equipos de diseño, ingeniería y marketing para coordinar el desarrollo.

Luego, se desarrolla un prototipo digital en 3D que permite visualizar el carrito, simular su funcionamiento y hacer ajustes en el diseño sin necesidad de fabricar una pieza física inicialmente. Esto reduce costes y tiempo. El prototipo se presenta en reuniones virtuales para recibir opiniones internas y externas.

Una vez validado el diseño digital, se produce una muestra física del SCart y se lanza una prueba piloto en colaboración con un supermercado local. Se invita a un grupo de usuarios a probar el carrito y se recopila su *feedback* mediante encuestas digitales y comentarios en redes sociales.

Para la presentación digital del producto, se crea un vídeo interactivo que muestra el SCart en acción, destacando sus ventajas y características. Se organiza un evento virtual en redes sociales donde se responde en directo a preguntas de la comunidad y se ofrece una demo en realidad aumentada para que los usuarios puedan "probar" el carrito desde casa usando sus móviles.

Fig. 2. Ejemplo de prototipo del carrito SCart

Esta estrategia genera interés, facilita la interacción con potenciales clientes y prepara el terreno para el lanzamiento comercial.

2. Gestión de la calidad

Cuando se inicia la producción final de cualquier producto, ya sea físico o digital, se activa una fase crítica en la que confluyen decisiones técnicas, logísticas y de control. Una producción efectiva requiere manuales de procesos bien definidos, procedimientos normalizados de trabajo (PNT) y un seguimiento exhaustivo de los indicadores clave de calidad (KPI), como la tasa de defectos por lote, los tiempos de ciclo, el porcentaje de retrabajo o el índice de satisfacción post-fabricación. Las empresas más avanzadas incorporan modelos de producción *lean* o *just-in-time*, minimizando el stock innecesario y optimizando el flujo continuo de producción para reducir costes y tiempos de entrega.

En productos tecnológicos o mecánicos, es común aplicar métodos como el control estadístico de procesos (SPC) o la planificación avanzada de la calidad del producto, donde cada etapa —desde el mecanizado hasta el empaquetado— incluye fases de validación específicas. Por ejemplo, en la fabricación de un dispositivo electrónico, cada circuito impreso puede pasar por pruebas funcionales automatizadas (ATE), ensayos térmicos y comprobaciones de compatibilidad electromagnética. Si se trata de productos digitales (como *software* o apps), esta fase se traduce en testeo en entornos reales, control de errores con herramientas de seguimiento como Jira o Trello, y pruebas automatizadas de integración y rendimiento.

 **Saber más**

El control estadístico de procesos (SPC) es una técnica que aplica métodos estadísticos para monitorizar y mantener bajo control un proceso de producción. Se basa en la recopilación continua de datos sobre aspectos clave del proceso —como medidas, temperatura o tiempos—, que se representan en gráficos de control para detectar posibles desviaciones respecto a los límites establecidos. Su finalidad es anticiparse a los errores, permitiendo actuar antes de que se generen productos defectuosos.

Por ejemplo, si en una línea de montaje una variable supera los valores aceptables, se interrumpe la operación para corregir la causa del desvío. Este sistema contribuye a mejorar la calidad, optimizar recursos y reducir desperdicios, asegurando que la producción se mantenga dentro de los parámetros exigidos.

La trazabilidad juega también un papel central: sistemas ERP o MES permiten registrar en tiempo real el historial completo de cada unidad fabricada, desde el lote de materia prima hasta el operario que realizó el ensamblaje final. Esto no solo permite garantizar la conformidad legal (especialmente en sectores como el alimentario, farmacéutico o automoción), sino que también facilita la toma de decisiones basada en datos ante cualquier incidencia o mejora.

Existen diversos sistemas ERP y MES ampliamente utilizados en entornos industriales para mejorar la gestión de la producción:

- **Geinfor ERP:** es una solución especializada en procesos de fabricación que permite centralizar datos, automatizar tareas operativas, controlar costes y planificar eficientemente los recursos productivos, lo que se traduce en una mayor agilidad y reducción de tiempos en la planta.
- **Corek ERP:** diseñado para empresas manufactureras, incorpora el módulo Corek Factory MES, que conecta directamente el sistema de gestión con el entorno de producción. Esto permite supervisar órdenes de trabajo, registrar tiempos y controlar la calidad, fomentando una comunicación fluida entre planta y oficina.
- **Solmicro ERP Industrial (Zucchetti Spain):** ofrece una gestión integral del ciclo productivo, desde la planificación y seguimiento de órdenes hasta el control de incidencias, trazabilidad y mantenimiento, todo con monitorización en tiempo real desde un único entorno.
- **MRPeasy:** es una plataforma ERP pensada para pequeñas y medianas empresas del sector industrial, que unifica funciones de producción, inventario, finanzas y relaciones con clientes (CRM), facilitando la toma de decisiones basada en datos actualizados al momento.
- **ClaveiPro:** se orienta a la automatización de procesos industriales y la optimización del control de almacenes y fabricación, mejorando la eficiencia operativa en la gestión de stock y recursos.

Además, el diseño de la experiencia postproducción se ha vuelto una extensión natural del proceso de calidad. El embalaje, la documentación de uso, la accesibilidad del soporte técnico y la claridad en las políticas de devolución forman parte de la percepción del producto. Muchas marcas realizan auditorías de experiencia de usuario (UX audits) o lanzan pruebas piloto con grupos de control para detectar no solo fallos técnicos, sino también puntos de fricción en el uso cotidiano que pueden derivar en devoluciones o en opiniones negativas.

La *unboxing experience* (experiencia de desempaquetado) es el conjunto de sensaciones, percepciones y valoraciones que experimenta una persona al abrir un producto por primera vez, especialmente cuando lo recibe en su casa tras una compra online.

 **Saber más**

La *unboxing experience* (experiencia de desempaquetado) es el conjunto de sensaciones, percepciones y valoraciones que experimenta una persona al abrir un producto por primera vez, especialmente cuando lo recibe en su casa tras una compra online.

Va más allá de abrir una caja, se trata de vivir un momento cuidadosamente diseñado por la marca.

Incluye aspectos como:

- El diseño del embalaje exterior e interior.
- La disposición del producto y los complementos (manuales, tarjetas, regalos).
- La estética (colores, texturas, olores).
- La comunicación emocional (mensajes, citas, logos).
- En algunos casos, elementos digitales como códigos QR o vídeos personalizados.

Detalle de un packaging cuidado: el uso de papel de seda y una tarjeta con lazo transmite atención al detalle y refuerza la percepción de valor del producto

Por último, las empresas que mantienen una cultura de calidad total no dependen solo de la supervisión interna: invitan a sus usuarios a convertirse en evaluadores externos, integrando sus observaciones a través de canales de atención, formularios estructurados o comunidades activas. Este enfoque centrado en el usuario no solo mejora el producto desde una perspectiva funcional, sino que genera conocimiento de valor y convierte la retroalimentación en una herramienta estratégica. Las empresas que dominan este equilibrio entre eficiencia productiva y escucha activa suelen destacar por su capacidad de adaptación al mercado, su fiabilidad y su reputación a largo plazo.

Resumen

El desarrollo de un producto implica una secuencia estructurada que comienza con la generación de ideas basadas en tendencias, datos de mercado y participación activa en redes sociales o comunidades online. A partir de ahí, se elaboran fichas técnicas digitales con todos los detalles del producto, se crean prototipos (cada vez más frecuentes en formato 3D o simuladores virtuales) y se producen muestras físicas o versiones beta. Todo el proceso se orienta tanto a la viabilidad técnica como a la experiencia del usuario. La presentación del producto se realiza en entornos digitales mediante *renders*, vídeos interactivos o demos en realidad aumentada, fomentando así la interacción con el público y validando la propuesta antes del lanzamiento comercial definitivo.

Una vez iniciada la producción, entran en juego elementos clave como la calidad, la trazabilidad y la eficiencia operativa. Se aplican métodos como el control estadístico de procesos (SPC), pruebas automatizadas, planificación avanzada de calidad, y herramientas como sistemas ERP y MES que permiten monitorizar y documentar cada fase.

Además, las empresas refuerzan su imagen de marca a través de la transparencia y el diálogo con las comunidades digitales, mostrando sus procesos y recogiendo *feedback* valioso. Este enfoque centrado en la mejora continua y en la colaboración con el usuario permite adaptar los productos a las necesidades reales del mercado, reducir errores, fidelizar al cliente y posicionar la marca de forma competitiva.

Glosario

Control de calidad

Conjunto de procedimientos destinados a verificar que un producto cumple con los estándares establecidos de seguridad, funcionalidad y acabado.

ERP (Enterprise Resource Planning)

Sistema informático que integra y gestiona todas las áreas de una empresa (producción, finanzas, inventario, etc.) desde una única plataforma.

Ficha técnica

Documento que recoge todos los datos esenciales de un producto (materiales, dimensiones, funcionalidades, costes, etc.) para su diseño, fabricación y control de calidad.

Feedback

Información proporcionada por usuarios o clientes sobre su experiencia con el producto, utilizada para realizar mejoras antes y después del lanzamiento.

MES (Manufacturing Execution System)

Software que conecta el área de planificación con la planta de producción, permitiendo supervisar y optimizar en tiempo real los procesos fabriles.

Muestra

Unidad física creada a partir del prototipo para ser probada, analizada o validada por usuarios, departamentos internos o clientes potenciales.

Prototipo

Versión preliminar de un producto que permite evaluar su funcionamiento, diseño y usabilidad antes de su producción final.

Simulación 3D

Técnica que permite representar digitalmente un producto en tres dimensiones para probar visualmente su diseño, montaje o comportamiento sin necesidad de fabricarlo.

SPC (Control Estadístico de Procesos)

Metodología basada en estadísticas que permite detectar desviaciones en la producción y tomar medidas correctivas antes de generar fallos.

Trazabilidad

Capacidad de seguir el historial de un producto a lo largo de todas las fases de producción, desde las materias primas hasta la entrega final.

Ejercicios de autoevaluación

1. **¿Qué información suele incluir una ficha técnica de producto?**

   a. Comentarios de clientes.

   b. Historias de marca.

   c. Datos sobre materiales, medidas y costes.

   d. Opiniones del equipo comercial.

2. **¿Cuál es la principal función de un prototipo?**

   a. Decorar el espacio de trabajo.

   b. Simular un producto antes de fabricarlo.

   c. Aumentar el precio del producto.

   d. Promocionar la marca en redes sociales.

3. **¿Qué sistema permite integrar diferentes áreas de una empresa como producción, finanzas y logística?**

   a. CRM.

   b. CMS.

   c. ERP.

   d. API.

4. **¿Qué herramienta conecta la planificación con el entorno de producción en tiempo real?**

   a. SPC.

   b. MES.

   c. SEO.

   d. SaaS.

5. ¿Qué se busca con el control estadístico de procesos (SPC)?

    a. Vender más rápido.

    b. Aumentar el volumen de producción.

    c. Controlar visualmente los turnos.

    d. Detectar variaciones para prevenir fallos.

6. ¿Qué ventaja ofrece el uso de simulación 3D en el desarrollo de producto?

    a. Evita pagar impuestos.

    b. Permite diseñar sin personal técnico.

    c. Facilita probar virtualmente el diseño antes de fabricarlo.

    d. Reduce la calidad del diseño.

7. ¿Qué permite la trazabilidad en un sistema de producción?

    a. Aumentar el marketing.

    b. Controlar la cadena de suministro desde el origen hasta el destino.

    c. Evitar controles de calidad.

    d. Diseñar catálogos más atractivos.

8. ¿Qué tipo de *feedback* resulta más útil en la fase de prueba de un producto?

    a. Comentarios anónimos sin contexto.

    b. Opiniones no solicitadas.

    c. Sugerencias concretas de usuarios reales.

    d. Publicidad automatizada.

9. **¿Cuál de las siguientes herramientas se utiliza para organizar y compartir tareas dentro de un equipo de desarrollo?**

    a. Word.

    b. Trello.

    c. Excel.

    d. Outlook.

10. **¿Qué objetivo tiene una prueba piloto con usuarios reales antes del lanzamiento?**

    a. Generar ingresos inmediatos.

    b. Recoger datos que permitan ajustar el producto.

    c. Reducir el número de ideas.

    d. Diseñar nuevos logotipos.

U. A. 4. Marketing aplicado a producto

Introducción

El éxito comercial de un producto no solo se basa en su calidad o funcionalidad, sino en cómo se define, comunica y entrega al público. Conceptos como el precio, el branding, la imagen, el canal de venta y el público objetivo son pilares fundamentales en cualquier estrategia de marketing. Establecer un precio adecuado implica analizar el mercado, entender la percepción de valor del consumidor y posicionarse estratégicamente frente a la competencia. Al mismo tiempo, una marca sólida —reflejada en su nombre, logotipo, tono comunicativo y diseño visual— permite crear una identidad reconocible que conecte emocionalmente con el cliente. La elección de los canales adecuados para distribuir el producto, ya sean físicos o digitales, amplía su alcance y refuerza la coherencia de la propuesta de valor.

En esta unidad se explora cómo aplicar estos conceptos de forma práctica y coordinada, prestando también especial atención a la comunicación interna dentro del equipo de marketing. Saber organizar reuniones efectivas, compartir información de manera clara y fomentar la participación activa del equipo son habilidades clave para ejecutar una estrategia con éxito.

A través de herramientas colaborativas y metodologías participativas, se puede lograr una mejor alineación entre los miembros del equipo, lo que se traduce en campañas más sólidas, mensajes más coherentes y productos mejor posicionados en el mercado.

Objetivos

- Saber aplicar estrategias de marketing al producto teniendo en cuenta el precio, la identidad de marca, la imagen visual, los canales de distribución y el perfil del cliente objetivo.
- Desarrollar habilidades para organizar reuniones efectivas y mejorar la comunicación del equipo de marketing, facilitando la coordinación, el intercambio de ideas y el logro de objetivos comunes.

1. Definición de precios, branding, imagen, canal y público objetivo. etc.

El marketing aplicado al producto es el conjunto de estrategias y acciones que ayudan a que un producto destaque en el mercado, llegue a las personas adecuadas y sea percibido como valioso. Vamos a ver, de forma sencilla, cómo se aplican estas estrategias en los aspectos clave: precio, *branding*, imagen, canal y público objetivo.

El precio es mucho más que una cifra: es una herramienta estratégica. Para definirlo, primero se realiza un análisis de mercado, donde se estudia cuánto están dispuestos a pagar los consumidores, qué precios tiene la competencia y cuál es el valor percibido del producto. No es lo mismo vender un producto de lujo que uno de uso diario; el precio debe reflejar la calidad, los costes y la posición que queremos ocupar en la mente del cliente.

Además, se pueden usar estrategias como precios de penetración (precios bajos para entrar en el mercado), precios psicológicos (como 9,99 € en vez de 10 €) o precios premium para productos exclusivos.

Saber más

Para establecer un precio justo y competitivo en una estrategia de marketing de producto, es necesario seguir una serie de pasos clave que permitan equilibrar los intereses empresariales con las expectativas del mercado. En primer lugar, debe calcularse el coste real del producto, teniendo en cuenta todos los elementos que intervienen en su elaboración y distribución: materias primas, procesos de fabricación, logística, personal o envíos. A partir de ahí, se garantiza que el precio final cubra estos costes y permita un margen de beneficio sostenible.

Seguidamente, conviene realizar un análisis de la competencia, comparando los precios de productos similares y evaluando las diferencias en términos de calidad, servicios añadidos o imagen de marca. Esta comparación permite ubicar el producto en una posición adecuada dentro del mercado. Además, se debe tener en cuenta la disposición a pagar del cliente objetivo, obtenida mediante encuestas, entrevistas o estudios de mercado, lo que ayuda a definir un rango de precios aceptable desde el punto de vista del consumidor.

Otro factor determinante es el valor percibido del producto. No basta con fijar un precio acorde al coste o al mercado; es necesario justificarlo en función de los beneficios que aporta, ya sea por su calidad, exclusividad, utilidad o la experiencia asociada a su uso. Este valor añadido debe comunicarse con claridad. En paralelo, debe contemplarse el precio de referencia, es decir, las expectativas que el público ya tiene sobre lo que debería costar un producto de esas características, para mantener la credibilidad y evitar disonancias en la percepción del consumidor.

Por último, el precio debe estar alineado con la estrategia de posicionamiento definida por la marca, ya sea económica, intermedia o premium. A partir de ahí, se puede optar por distintas técnicas de fijación.

El *branding* es el proceso de construir una identidad de marca sólida y coherente. Incluye elegir un nombre, un logotipo, colores, mensajes y valores que diferencien al producto de los demás. Una buena imagen de marca ayuda a que los consumidores recuerden el producto y lo asocien con sensaciones positivas, confianza o innovación. Por ejemplo, piensa en cómo reconoces una marca solo por sus colores o su eslogan. El *branding* también implica mantener una comunicación clara y consistente en todos los canales, desde la web hasta las redes sociales.

Fig. 1. El branding es la identidad completa que transmite quién eres, qué representas y cómo te perciben tus clientes

El canal es el camino que sigue el producto desde la empresa hasta el consumidor. Puede ser físico (tiendas, supermercados) o digital (tiendas online, *marketplaces*, apps). Elegir el canal adecuado depende del tipo de producto y del público objetivo.

Por ejemplo, un producto tecnológico puede venderse mejor en internet, mientras que un alimento artesanal quizá necesite ferias o tiendas especializadas. Hoy en día, muchas empresas usan una estrategia omnicanal, combinando varios canales para llegar a más clientes y ofrecer una experiencia de compra más completa.

El público objetivo es el grupo de personas a quienes va dirigido el producto. **Para** definirlo, se analiza quiénes tienen la necesidad que el producto satisface, qué edad tienen, dónde viven, cuáles son sus intereses y hábitos de compra. Cuanto mejor conozcamos a nuestro público, más fácil será adaptar el producto, el mensaje y la campaña para captar su atención y convertirlos en clientes fieles. Por ejemplo, no se comunica igual un producto para adolescentes que uno para personas mayores.
Para integrar todas estas estrategias, se parte de una investigación de mercado, se define una propuesta de valor única, se fijan objetivos claros y se eligen los canales y mensajes adecuados para conectar con el público. Además, se monitorizan los resultados y se ajustan las acciones según la respuesta del mercado.

"Las estrategias de marketing son métodos y planificaciones operativas que trazan procedimientos para que una empresa logre objetivos de marketing específicos, como promocionar una marca, aumentar el alcance o incrementar las ventas" (Estrategias de

marketing: qué son, qué tipos existen y algunos ejemplos. ORT, Facultad de Administración y Ciencias Sociales.).

Fig. 2. Conocer a fondo al público objetivo permite adaptar la estrategia de marketing a sus preferencias reales, optimizando tanto el mensaje como los canales de difusión

Para construir una identidad de marca sólida y cercana al público, es necesario trabajar de forma coherente tanto los elementos visuales como los comunicativos y estratégicos.

La marca debe transmitir no solo lo que ofrece, sino también lo que representa.

- **Propósito, misión, visión y valores**: Establecer de forma clara para qué existe la marca, qué aspira a lograr y cuáles son los principios que la definen es esencial para humanizarla. Esto facilita que los consumidores se identifiquen con ella, sobre todo si comparten valores o ideales similares.
- **Público objetivo**: Conocer a fondo a quién va dirigida la marca —sus intereses, necesidades, comportamientos y expectativas— permite crear una identidad que realmente conecte y genere relevancia en su día a día.
- **Nombre de la marca**: Debe ser distintivo, fácil de recordar y coherente con la personalidad de la empresa. El nombre es el punto de partida del reconocimiento y juega un papel central en cómo te percibe el mercado.
- **Logotipo**: Es el símbolo visual más representativo de la marca. Debe ser claro, adaptable y reflejar tanto el sector como los valores que defiende la empresa. Un logotipo eficaz facilita la recordación y diferenciación.

- **Paleta de colores**: Los colores elegidos deben expresar la personalidad y el carácter de la marca. Cada tonalidad evoca sensaciones distintas, por lo que es clave mantener una selección coherente en todos los soportes visuales.

- **Tipografía**: El tipo de letra comunica rasgos importantes de la identidad. Es fundamental que sea legible y que esté en armonía con el estilo de la marca, ya sea moderno, clásico, serio o desenfadado.

- **Slogan**: Una frase breve, fácil de recordar y con significado claro que resuma la esencia de la marca y ayude a posicionarla en la mente del consumidor.

- **Tono de voz y estilo comunicativo**: Es importante definir si la marca se comunica de manera cercana, profesional, divertida, seria, etc. Mantener una voz coherente en todos los canales mejora la percepción de solidez y genera confianza.

- **Manual de identidad o guía de estilo**: Es un documento de referencia que reúne todas las directrices para el uso correcto del logotipo, colores, tipografías y estilo comunicativo, garantizando consistencia en cualquier soporte o acción.

- **Experiencia del cliente**: La identidad no se limita a lo visual; también se refleja en cómo se relaciona la marca con las personas. Desde la navegación en la web hasta el servicio postventa, cada interacción debe estar alineada con los valores y la personalidad que se quiere proyectar.

 **Saber más**

Un logotipo simple y versátil es fundamental para la identidad visual de tu marca porque cumple varias funciones clave que facilitan su reconocimiento, comunicación y adaptación en distintos contextos:

- **Fácil de recordar:** Un diseño sencillo es más fácil de identificar y retener en la mente del consumidor. Por ejemplo, el logo de Nike es muy simple, pero es reconocido mundialmente precisamente por esa simplicidad. Si el logotipo es complejo o recargado, puede resultar confuso y difícil de recordar.
- **Versatilidad y adaptabilidad:** Un buen logotipo debe funcionar bien en diferentes tamaños y formatos, desde una tarjeta de visita hasta una valla publicitaria o una app móvil. La versatilidad permite que el logo mantenga su impacto visual y claridad sin importar dónde se utilice. Además, un diseño versátil puede adaptarse con pequeñas modificaciones a nuevas tendencias sin perder su esencia.
- **Representatividad y conexión con el público:** El logotipo debe reflejar la personalidad, valores y sector de la marca, y estar diseñado pensando en los gustos y características del público objetivo. Esto facilita que la marca conecte emocionalmente con sus clientes y se diferencie de la competencia.
- **Primera impresión y confianza:** El logotipo es la "cara visible" de la empresa y suele ser lo primero que ve un cliente potencial. Un diseño simple y profesional transmite confianza, credibilidad y profesionalismo, mientras que uno mal diseñado puede generar desconfianza o parecer poco serio.
- **Consistencia en la identidad visual:** Un logotipo claro y versátil ayuda a mantener una imagen de marca coherente en todos los puntos de contacto (web, redes sociales, *packaging*, publicidad), lo que fortalece el reconocimiento y la lealtad del cliente.

2. Cómo realizar reuniones efectivas y mejorar la comunicación con tu equipo

La comunicación y las reuniones efectivas son esenciales para que un equipo de marketing funcione bien, tome buenas decisiones y logre sus objetivos. Vamos a ver cómo puedes organizar y dirigir reuniones productivas, fomentar la colaboración y mejorar la comunicación interna usando herramientas y técnicas actuales.

Anotación

En marketing, los equipos suelen trabajar en proyectos creativos, campañas y lanzamientos donde la coordinación es clave. Una buena comunicación evita malentendidos, ahorra tiempo y ayuda a que todos estén alineados con los objetivos del producto o campaña.

Hoy en día, existen muchas herramientas digitales que hacen que la comunicación sea más rápida, clara y colaborativa:

- **Plataformas de mensajería y redes internas**: Aplicaciones como Slack, Microsoft Teams o Yammer facilitan la conversación instantánea, la creación de canales temáticos por proyectos y el intercambio de documentos en tiempo real. Esto mejora la coordinación y permite resolver dudas rápidamente entre compañeros.
- **Reuniones virtuales y videollamadas**: Herramientas como Zoom, Google Meet o Skype permiten realizar encuentros a distancia de forma fluida, con opciones como compartir pantalla, activar cámaras o grabar la sesión para que esté disponible después, si alguien no pudo asistir.
- **Gestores de proyectos y tareas**: Programas como Trello, Asana o Monday.com permiten organizar el trabajo por fases, asignar tareas específicas y seguir el progreso general de un equipo. Esta organización mejora la transparencia y evita confusiones sobre responsabilidades o plazos.
- **Correo electrónico y boletines internos**: El email sigue siendo una vía esencial para enviar comunicaciones formales, informes de seguimiento, actas de reunión o información importante que deba quedar registrada.
- **Herramientas de recogida de opiniones**: Aplicaciones como Google Forms, Typeform o SurveyMonkey permiten crear encuestas rápidas para recoger opiniones, evaluar dinámicas internas o detectar áreas de mejora desde la perspectiva del propio equipo.

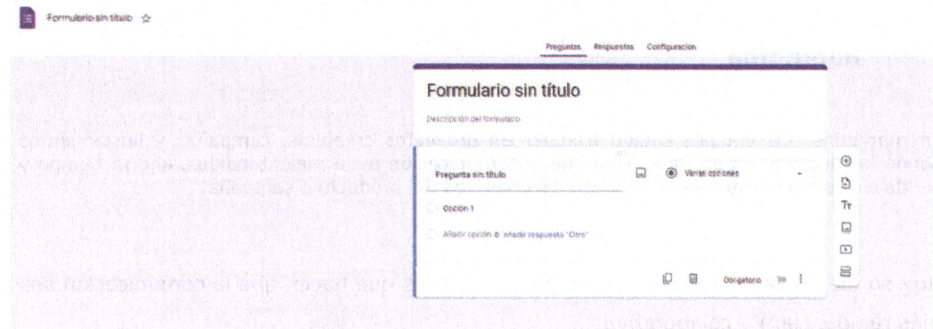

Fig. 3. Google Forms permite crear encuestas personalizadas para recopilar feedback de clientes o equipos de forma rápida y organizada

A continuación, se presenta una tabla con ejemplos de herramientas digitales utilizadas en equipos de marketing, clasificadas según su función principal:

Función	Herramienta	Uso
Comunicación instantánea	Slack / Microsoft Teams	Envío de mensajes en tiempo real, creación de canales por proyecto
Reuniones virtuales	Zoom / Google Meet	Videoconferencias, compartir pantalla, grabación de sesiones
Gestión de proyectos	Trello / Asana / Monday	Asignación de tareas, seguimiento de avances, organización visual
Colaboración documental	Google Workspace	Edición simultánea de documentos, hojas de cálculo, presentaciones
Automatización de tareas	Zapier / Notion	Automatización de flujos de trabajo, recordatorios, integraciones
Recogida de *feedback*	Google Forms / Typeform	Encuestas internas, recogida de opiniones y evaluación de procesos
Almacenamiento compartido	Google Drive / Dropbox	Gestión centralizada de archivos y acceso colaborativo
Planificación de contenidos	Hootsuite / Buffer	Programación de publicaciones en redes sociales, análisis de resultados
Notas y documentación interna	Notion / Evernote	Crear wikis, tomar notas de reuniones y organizar ideas
Analítica y seguimiento	Google Analytics	Monitorización de campañas y comportamiento del usuario en la web

Mejorar la comunicación interna en un equipo requiere aplicar técnicas sencillas pero efectivas que favorezcan un entorno de trabajo saludable, claro y colaborativo.

Una de las más importantes es la escucha activa. Consiste en prestar verdadera atención a lo que la otra persona está diciendo, sin interrumpir, mostrando interés y haciendo preguntas cuando sea necesario. Esto no solo reduce los malentendidos, sino que también fortalece la confianza dentro del grupo.

La claridad y concisión son esenciales al transmitir ideas. Expresarse de manera directa, con un lenguaje claro y ejemplos concretos, evita confusiones y hace que el mensaje sea más fácil de recordar y aplicar.

Fig. 4. La escucha activa y las intervenciones oportunas facilitan la comprensión mutua

También es importante practicar el *feedback* constructivo. En lugar de centrarse solo en los errores, conviene enfocar los comentarios en posibles mejoras y soluciones. Así, la retroalimentación se convierte en una herramienta de crecimiento y no en una crítica.

Además, la empatía y el respeto deben estar siempre presentes. Escuchar con apertura, valorar los distintos puntos de vista y mantener un trato considerado ayudan a construir un ambiente en el que todos se sientan cómodos para participar y aportar.

Por otro lado, para que una reunión sea efectiva, es clave definir su objetivo, compartir una agenda clara, invitar solo a quienes aporten valor, fomentar la participación, anotar acuerdos y respetar los tiempos establecidos.

A continuación, se desglosa este proceso en profundidad:

- **Define el objetivo de la reunión:** Antes de convocar, pregúntate: ¿para qué es necesaria? ¿Qué queremos lograr? Así, todos llegan preparados y enfocados.

- **Prepara una agenda clara:** Comparte los temas a tratar y el orden del día con antelación. Esto ayuda a que la reunión sea ordenada y no se pierda tiempo.
- **Invita solo a quienes realmente deban estar:** Así se evita perder tiempo y se facilita la toma de decisiones.
- **Fomenta la participación:** Da espacio para que todos opinen, hagan preguntas y propongan ideas. La diversidad de puntos de vista enriquece el trabajo.
- **Toma notas y define próximos pasos:** Designa a alguien para resumir acuerdos y tareas pendientes. Al finalizar, comparte un resumen con todo el equipo.
- **Respeta los tiempos:** Intenta que las reuniones sean breves y vayan al grano. Si un tema requiere más tiempo, agenda una sesión aparte.

Resumen

Precio, *branding*, canal, imagen y público objetivo son cinco pilares fundamentales del marketing aplicado al producto. Para fijar un precio adecuado es necesario calcular los costes reales, analizar la competencia, conocer la disposición a pagar del cliente y valorar el posicionamiento deseado (económico, medio o premium), usando técnicas como el precio psicológico o por valor percibido.

El *branding* implica crear una identidad coherente que incluya propósito, valores, nombre, logotipo, paleta de colores, tipografía, eslogan y estilo comunicativo. Todo debe alinearse para que el producto sea reconocible, memorable y genere confianza.

Elegir el canal correcto permite llevar el producto hasta el consumidor de forma eficaz. Se puede optar por canales físicos, digitales o combinarlos mediante una estrategia omnicanal. Definir el público objetivo implica segmentar por edad, intereses, ubicación o comportamiento, con el fin de adaptar el mensaje y la propuesta de valor.

Además, se abordan técnicas para mejorar la comunicación del equipo de marketing: reuniones con objetivos claros, agenda previa, participación activa, toma de decisiones efectiva y uso de herramientas digitales como Slack, Trello o Google Forms para organizar tareas, compartir información y recoger *feedback*.

Glosario

Branding
Conjunto de acciones orientadas a construir y gestionar una marca. Incluye elementos visuales (nombre, logotipo, colores), comunicativos (tono de voz, mensaje) y estratégicos (valores y posicionamiento).

Canal de distribución
Ruta que sigue un producto desde su origen hasta llegar al consumidor final. Puede ser directo (sin intermediarios) o indirecto (a través de tiendas, *marketplaces*, etc.).

Encuesta de *feedback*
Herramienta utilizada para recoger opiniones, sugerencias o valoraciones por parte de clientes o empleados, con el objetivo de mejorar productos, servicios o procesos internos.

Eslogan
Frase corta y memorable que resume la esencia de una marca o producto, usada como parte de su identidad y en campañas publicitarias para facilitar su recuerdo.

Guía de estilo
Documento que recoge las normas de uso de los elementos visuales y comunicativos de una marca, como tipografías, colores, logotipo, tono de voz, etc., para mantener coherencia en todos los canales.

Omnicanalidad
Estrategia que integra todos los canales de venta y comunicación (físicos y digitales) para ofrecer al cliente una experiencia coherente y fluida, sin importar por dónde interactúe con la marca.

Precio psicológico
Estrategia de fijación de precios que utiliza cifras que parecen más atractivas para el consumidor, como 9,99 € en lugar de 10 €, para generar una percepción de menor coste.

Propuesta de valor

Conjunto de beneficios que una marca promete entregar al cliente, diferenciándola de la competencia. Debe ser clara, relevante y creíble.

Público objetivo

Grupo de personas al que va dirigido un producto o servicio. Se define en función de variables demográficas, geográficas, psicográficas y de comportamiento.

Valor percibido

Opinión subjetiva que tiene un cliente sobre los beneficios que le aporta un producto, en relación con su precio. Este valor puede estar influido por la calidad, la marca o la experiencia del usuario.

Ejercicios de autoevaluación

1. ¿Qué es el valor percibido de un producto?

a. El coste de producción real.

b. El precio de venta al público.

c. Lo que el consumidor cree que vale según sus beneficios.

d. El margen de beneficio empresarial.

2. ¿Cuál es un ejemplo de precio psicológico?

a. 10,00 €

b. 9,99 €

c. 11,00 €

d. 9,50 €

3. El público objetivo se define principalmente en base a:

a. El canal de distribución utilizado.

b. Los gustos del equipo de marketing.

c. La moda del momento.

d. Variables demográficas, intereses y comportamiento.

4. ¿Qué representa el branding en una empresa?

a. El conjunto de procesos logísticos.

b. La planificación de costes.

c. La identidad visual, comunicativa y estratégica de la marca.

d. La producción industrial.

5. ¿Qué canal se considera parte de una estrategia omnicanal?

    a. Solo tiendas físicas.

    b. Solo redes sociales.

    c. Solo correo electrónico.

    d. Todos los canales integrados, físicos y digitales.

6. ¿Para qué sirve una guía de estilo en branding?

    a. Para registrar la marca en la oficina de patentes.

    b. Para mantener coherencia visual y comunicativa en todos los soportes.

    c. Para diseñar ropa corporativa.

    d. Para redactar comunicados de prensa.

7. ¿Cuál de estas herramientas permite recoger opiniones del público de forma digital?

    a. Photoshop.

    b. Zoom.

    c. Google Forms.

    d. Slack.

8. ¿Qué elemento forma parte del *branding* visual?

    a. El plan financiero.

    b. La misión empresarial.

    c. La paleta de colores de la marca.

    d. El nombre del director general.

9. ¿Qué técnica permite ofrecer precios bajos para entrar en un mercado?

    a. Precio de lujo.

    b. Precio premium.

    c. Precio psicológico.

    d. Precio de penetración.

10. Una reunión efectiva debe tener siempre:

    a. Un descanso intermedio.

    b. Participación sin agenda.

    c. Objetivo claro y resumen final.

    d. Una duración indefinida.

U. A. 5. Gestión proveedores

Introducción

Durante el desarrollo de un producto, contar con proveedores adecuados es clave para lograr un buen resultado. No se trata únicamente de comprar materiales, sino de construir alianzas estratégicas que afectan directamente a la calidad, los costes, la fiabilidad y los plazos de entrega. Por eso, antes de decidir, es fundamental valorar aspectos como la resistencia del material, las certificaciones disponibles, la capacidad de respuesta del proveedor y su cumplimiento en tiempos de entrega. Analizar muestras físicas y revisar fichas técnicas completas permite reducir riesgos y asegurar decisiones más acertadas.

En un entorno global, las ferias internacionales y las plataformas de trading se han convertido en canales muy útiles para encontrar proveedores, examinar materiales en detalle y negociar acuerdos. Estas herramientas digitales y presenciales abren la puerta a opciones más amplias, ayudan a validar propuestas desde lo técnico y lo estético, y permiten al equipo detectar innovaciones y tendencias con antelación.

Objetivos

- Comprender los criterios de evaluación y selección de proveedores en distintos sectores, así como la importancia de las muestras y fichas técnicas en el proceso de decisión.
- Conocer el funcionamiento de las plataformas de trading y las ferias profesionales como vías de búsqueda de proveedores.

1. Materiales, proveedores, muestras, tradings y ferias

En el proceso de desarrollo de cualquier producto, contar con proveedores adecuados es tan importante como tener una buena idea. ¿Por qué? Porque de ellos depende en gran parte la calidad del producto final, los plazos de entrega, los costes de producción... y hasta la imagen que proyecta una marca.

Este epígrafe permite entender cómo se buscan, evalúan y gestionan proveedores, qué papel juegan las ferias y plataformas de trading, y cómo se utilizan las muestras para tomar decisiones acertadas antes de lanzar una colección o fabricar a gran escala.

Un proveedor no es solo alguien que vende materiales. Es un socio estratégico.

Por eso, antes de seleccionar uno, se deben valorar varios aspectos:

- **Calidad del material**: ¿Cumple con lo esperado? ¿Es resistente, sostenible, tiene certificaciones?
- **Precio**: ¿Es competitivo? ¿Se ajusta al presupuesto sin comprometer la calidad?
- **Plazo de entrega**: ¿Llega a tiempo? ¿Ofrece flexibilidad ante cambios?
- **Capacidad de respuesta**: ¿Responde rápido a consultas, cambios o problemas?
- **Reputación**: ¿Tiene buenas referencias de otros clientes?

Ejemplo

Imagina que se necesita algodón orgánico para camisetas. No bastará con que el proveedor diga que lo tiene: debe demostrarlo con certificaciones (por ejemplo, GOTS), enviar una muestra, y confirmar fechas realistas de entrega.

GLOBAL ORGANIC TEXTILE STANDARD
ECOLOGY & SOCIAL RESPONSIBILITY

Fig. 1. La GOTS (Global Organic Textile Standard) es una certificación internacional que garantiza que los productos textiles están hechos con fibras orgánicas y cumplen criterios ecológicos y sociales en toda la cadena de producción

Según el sector, los materiales varían, pero todos se deben evaluar según tres criterios; uso previsto, comportamiento técnico y percepción estética:

- **Uso previsto**. Este criterio se refiere a la funcionalidad práctica del material dentro del producto. Es esencial comprobar que el material elegido se adapta correctamente al propósito para el que ha sido diseñado. Por ejemplo, en moda, un tejido destinado a ropa infantil debe ser suave, seguro para la piel y fácil de lavar. En cambio, en el sector mobiliario, una madera para uso exterior debe soportar la humedad, los cambios de temperatura y el desgaste por uso. Si el uso previsto no está correctamente alineado con las propiedades del material, aumentan las devoluciones, las quejas de clientes y los fallos de producto.

- **Comportamiento técnico**. Aquí se evalúan las propiedades físicas y químicas del material. En función del sector, se pueden medir la resistencia, la elasticidad, la reacción ante la humedad, la estabilidad térmica, la durabilidad, la compatibilidad con otros materiales, o incluso el grado de toxicidad. En el sector textil, esto se traduce en ensayos como pruebas de tracción, solidez del color al lavado o exposición solar. En decoración, implica validar si un esmalte cerámico resiste rayaduras o si un metal tratado es inoxidable.

- **Percepción estética**. Aunque es un criterio subjetivo, tiene un gran impacto comercial. Los consumidores valoran no solo la funcionalidad del producto, sino también su apariencia, textura, color y acabado. En moda, por ejemplo, un tejido puede cumplir con todos los requisitos técnicos, pero ser rechazado si tiene un tacto áspero o un brillo no deseado. En decoración, una cerámica puede tener las mejores propiedades mecánicas, pero si no encaja con la tendencia de diseño, no se venderá. Por ello, es necesario evaluar las sensaciones que transmite el material en conjunto con el producto, su coherencia con la imagen de marca y su adecuación a las preferencias del público objetivo.

Los proveedores deben aportar fichas técnicas completas y actualizadas para cada material o componente. Estas fichas son documentos clave que permiten validar la idoneidad del material y asegurar que todo el equipo (diseño, compras, calidad, marketing...) trabaje con información coherente.

Una buena ficha técnica debe incluir al menos:

- Nombre y referencia del producto.
- Composición o ingredientes (por ejemplo, 100% algodón orgánico).
- Dimensiones, peso y gramaje.
- Certificaciones (como GOTS, OEKO-TEX, FSC, etc.).
- Procedencia y condiciones de fabricación.
- Recomendaciones de uso y mantenimiento.
- Restricciones de uso o incompatibilidades.
- Condiciones de almacenaje.

Ejemplo

En moda, por ejemplo, se analizan tejidos (algodón, lino, poliéster reciclado...), botones, cremalleras o tintes. En decoración, se puede hablar de maderas, cerámicas, o metales.
Los proveedores deben facilitar fichas técnicas con todos los detalles relevantes: composición, origen, certificados, instrucciones de cuidado, etc.

Una muestra es una pequeña cantidad del material o producto que se solicita al proveedor para poder evaluarlo antes de hacer un pedido mayor. Es un paso fundamental para reducir riesgos.

Fig. 2. La evaluación de muestras permite comparar texturas, colores y acabados antes de tomar decisiones de compra, asegurando que el material final cumpla con los estándares del proyecto

A continuación, se exponen algunos aspectos clave que se deben revisar al analizar una muestra de producto, válidos para cualquier tipo de producto físico:

- **Calidad de materiales**: ¿El material es resistente, adecuado para su uso y cumple con lo prometido?
- **Acabados**: Bordes, costuras, uniones o terminaciones deben estar bien rematados y sin defectos visibles.
- **Funcionamiento (si aplica)**: El producto debe cumplir su función correctamente: encender, rodar, cerrar, desplegar, etc.

- **Medidas y dimensiones**: Comprobar que el tamaño coincide con lo especificado en la ficha técnica o prototipo.
- **Color y apariencia**: Verificar si el color y el aspecto visual son uniformes y fieles al diseño o imagen mostrada.
- **Peso**: Evaluar si el peso es el previsto (ni demasiado ligero ni excesivamente pesado para su uso).
- **Olor y textura**: Especialmente importante en productos textiles, cosméticos o alimentarios: ¿huele bien? ¿es agradable al tacto?
- **Resistencia o durabilidad**: Realizar pequeñas pruebas de uso: doblar, presionar, rayar ligeramente, para comprobar su resistencia.
- **Seguridad del producto**: Revisar si tiene bordes cortantes, piezas sueltas, productos químicos peligrosos u otros riesgos.
- **Embalaje y etiquetado**: Comprobar que está bien embalado, con instrucciones claras, advertencias y etiquetas correctas.

Anotación

Siempre hay que solicitar varias muestras de distintos proveedores para poder comparar.

Para un producto no físico (como un *software*, aplicación, servicio digital, curso online, etc.), también es posible evaluar una muestra o versión preliminar. Debajo, se presenta una lista con los aspectos clave a revisar, aplicables a cualquier tipo de producto intangible:

- **Usabilidad**: ¿Es fácil de usar? ¿La navegación es clara e intuitiva para el usuario medio?
- **Funcionalidad**: ¿Cumple exactamente con lo que promete? ¿Todas las funciones clave están operativas?
- **Diseño y experiencia visual**: ¿Es atractivo, coherente y profesional? ¿Refleja bien la identidad de la marca?
- **Velocidad y rendimiento**: ¿Carga rápido? ¿Responde bien en diferentes dispositivos o condiciones?

- **Compatibilidad**: ¿Funciona correctamente en todos los navegadores, sistemas operativos o plataformas?

- **Contenido o información incluida**: ¿Está actualizado, bien redactado, sin errores, y adaptado al público objetivo?

- **Interacción del usuario**: ¿Es clara la forma de interactuar? ¿Recibe el usuario retroalimentación visual o sonora al realizar acciones?

- **Accesibilidad**: ¿Está adaptado para personas con discapacidad (lectores de pantalla, contraste, textos alternativos...)?

- **Seguridad y privacidad**: ¿Protege adecuadamente los datos del usuario? ¿Cumple con normativas como el RGPD?

- **Feedback del usuario**: ¿Se ha probado con usuarios reales? ¿Se han recogido opiniones para detectar mejoras?

En mercados globales, muchas empresas usan *trading companies* o plataformas digitales especializadas que hacen de puente entre comprador y proveedor internacional.

Estas entidades gestionan pedidos, revisan la calidad, supervisan exportaciones y facilitan el proceso de compra.

Ejemplo

Algunas páginas webs como Alibaba, TradeIndia o Fibre2Fashion permiten buscar proveedores por país, tipo de producto, cantidades mínimas, y hasta chat directo con el fabricante.

Fig. 3. Una trading company actúa como intermediaria entre fabricantes y compradores internacionales, facilitando operaciones de compraventa, gestión aduanera y distribución

Por su parte, las **ferias profesionales** siguen siendo una de las mejores formas de conocer nuevos proveedores, ver materiales reales, negociar condiciones y descubrir tendencias.

Las ventajas clave de las ferias son las que se exponen a continuación:

- Contacto directo con empresas de todo el mundo.
- Posibilidad de tocar, ver y comparar muestras.
- Acceso a información técnica y catálogos.
- Oportunidad para generar relaciones comerciales duraderas.

Algunas ferias profesionales donde se pueden conocer proveedores de diversos sectores, tanto en España como a nivel internacional son las siguientes:

- **Alimentación y bebidas:**
  o SIAL París (Francia): Una de las ferias agroalimentarias más grandes del mundo, ideal para contactar con productores, exportadores, importadores y distribuidores de alimentos y bebidas.
  o Anuga (Alemania): La feria internacional de alimentos y bebidas más grande, abarca desde panadería, lácteos, bebidas, productos orgánicos y mucho más.

- **Regalo y decoración:** Intergift (España, Madrid): Feria internacional del sector regalo y decoración, con expositores de muebles, iluminación, textil, artículos de regalo y decoración para el hogar.

- **Moda y textil:** Première Vision (Francia): Referente mundial para profesionales de la moda y el textil, donde se encuentran proveedores de tejidos, fibras, accesorios y servicios de fabricación.

- **Industria y tecnología:**
  o INAPA (Indonesia): Feria internacional de la industria automotriz, ideal para encontrar proveedores de componentes, maquinaria y servicios relacionados.
  o Focus on PCB (Italia): Especializada en electrónica y placas de circuito impreso, reúne a proveedores y fabricantes del sector.
  o Bari-Ship (Japón): Feria de construcciones navales, con proveedores de materiales, tecnología y servicios para la industria marítima.

- **Exportación y multisectorial**: IRAN EXPO (Irán): Feria internacional de exportación que reúne empresas, fabricantes y proveedores de múltiples sectores industriales y comerciales.

- **Cosmética y belleza.** Cosmoprof (India, Italia, otros países): Feria internacional líder en cosmética, perfumería y belleza, con proveedores de materias primas, envases y productos terminados.

En España, el Calendario de Ferias Comerciales Internacionales publicado por organismos oficiales como el BOE recoge eventos en sectores como turismo, tecnología, industria, alimentación, moda, construcción y más.

Sugerencia

Antes de asistir a una feria, conviene consultar el calendario oficial del sector y preparar un plan de visita para identificar los proveedores más interesantes según tus necesidades. Las ferias son una excelente oportunidad para comparar productos, negociar condiciones y descubrir las últimas tendencias del mercado.

Resumen

La gestión de proveedores es un proceso fundamental en cualquier cadena de desarrollo de producto, ya que de su selección depende la calidad final, los costes, los tiempos de entrega y la percepción del consumidor. Evaluar a los proveedores implica analizar desde las certificaciones y fichas técnicas hasta el comportamiento de los materiales, su sostenibilidad, estética y funcionalidad.

Las muestras físicas permiten verificar de forma práctica todas estas condiciones antes de cerrar un acuerdo. También es clave revisar el comportamiento técnico del producto, su adecuación al uso previsto y su coherencia visual con la marca. En el caso de productos no físicos, como software o servicios digitales, se aplica un proceso similar con criterios como usabilidad, velocidad, accesibilidad o cumplimiento normativo.

Además, el entorno internacional ofrece múltiples vías para encontrar y validar proveedores, siendo muy útiles las plataformas de trading y las ferias comerciales profesionales, que permiten ver materiales reales, comparar condiciones y establecer contactos directos. Estas ferias, tanto nacionales como internacionales, facilitan el acceso a catálogos, novedades técnicas y tendencias del sector.

A través de herramientas digitales, muestras y visitas presenciales, es posible tomar decisiones más informadas y reducir riesgos.

Glosario

Comportamiento técnico

Conjunto de propiedades físicas o químicas que determinan cómo responde un material ante diferentes condiciones: tracción, calor, humedad, desgaste, entre otros.

Feria profesional

Evento especializado en el que empresas de un sector se reúnen para presentar sus productos, buscar clientes o proveedores, intercambiar ideas y detectar tendencias del mercado.

Ficha técnica

Documento que recoge las características detalladas de un material o producto: composición, dimensiones, certificaciones, instrucciones de uso y otras especificaciones técnicas.

GOTS (Global Organic Textile Standard)

Certificación internacional que garantiza que un textil está hecho con fibras orgánicas y que respeta criterios ecológicos y sociales a lo largo de toda su cadena de producción.

Muestra

Prototipo o unidad representativa de un material o producto que se utiliza para evaluar su calidad antes de realizar un pedido mayor o iniciar la producción.

Plataforma de trading

Portal online donde empresas compradoras pueden buscar proveedores por país, tipo de producto o certificaciones, facilitando la comparación y la negociación directa.

Percepción estética

Impresión visual y sensorial que transmite un material o producto en términos de color, textura, brillo, diseño y atractivo visual, influyendo en la decisión de compra.

Proveedor

Empresa o persona que suministra materias primas, componentes o productos terminados a otra empresa. Es un socio estratégico en el proceso de fabricación y comercialización.

Trading company

Empresa intermediaria que conecta a fabricantes con compradores internacionales, gestionando pedidos, supervisando exportaciones y facilitando trámites logísticos y aduaneros.

Uso previsto

Función o aplicación práctica para la que se ha diseñado un material o producto, que debe estar alineada con sus propiedades técnicas y exigencias del usuario final.

Ejercicios de autoevaluación

1. ¿Qué documento proporciona los datos técnicos esenciales de un material?

   a. Contrato de compraventa.

   b. Ficha de cliente.

   c. Ficha técnica.

   d. Hoja de ruta.

2. ¿Cuál de los siguientes aspectos es fundamental al evaluar una muestra física?

   a. Cantidad disponible.

   b. Certificación bancaria.

   c. Durabilidad del producto.

   d. Precio final de venta.

3. ¿Qué representa la certificación GOTS?

   a. Cumplimiento fiscal del proveedor.

   b. Estándar internacional para textiles orgánicos.

   c. Garantía de transporte gratuito.

   d. Certificado de propiedad industrial.

4. ¿Cuál es el objetivo principal de asistir a una feria profesional?

   a. Comprar productos al por menor.

   b. Conocer proveedores, comparar productos y tendencias.

   c. Visitar nuevas ciudades.

   d. Reservar pedidos para clientes finales.

5. ¿Qué función cumple una *trading company*?

a. Fabricar directamente los productos.

b. Actuar como intermediaria entre fabricante y comprador.

c. Diseñar campañas publicitarias.

d. Garantizar la venta directa en tienda.

6. ¿Qué criterio analiza si un material encaja con la función que debe cumplir?

a. Percepción estética.

b. Coste de importación.

c. Uso previsto.

d. Demanda internacional.

7. ¿Qué información no debe faltar en una ficha técnica?

a. Horario del proveedor.

b. Composición del material.

c. Cantidad mínima de compra.

d. Países donde se distribuye.

8. ¿Cuál de estos factores pertenece a la percepción estética del producto?

a. Nivel de toxicidad.

b. Certificación ISO.

c. Acabado visual.

d. Comportamiento térmico.

9. ¿Qué plataforma es un ejemplo de portal internacional de proveedores?

a. Canva.

b. Alibaba.

c. WordPress.

d. Gmail.

10.¿Qué ventaja ofrece solicitar varias muestras a distintos proveedores?

a. Reducir el coste del diseño.

b. Evitar pagar impuestos.

c. Comparar calidad y tomar mejor decisión

d. Recibir descuentos en publicidad.

U. A. 6. Comunicación interna

Introducción

Cuando la información circula de manera clara, bidireccional y alineada con la cultura corporativa, se fortalecen la confianza, la motivación y la implicación del equipo. En esta unidad se analizan las principales estrategias, canales y herramientas para mejorar la comunicación dentro de una organización, con especial atención a su impacto en el rendimiento colectivo y en la coherencia de marca.

Además, se profundiza en la importancia de presentar correctamente los productos, servicios y valores corporativos a la fuerza de ventas. No basta con tener un buen producto: los equipos comerciales deben estar bien formados, convencidos y alineados con la propuesta de valor de la marca. Por eso, se trabaja el concepto de "cliente interno", considerando a los propios empleados como embajadores clave que necesitan recibir información clara, motivadora y coherente con los objetivos estratégicos de la empresa.

Objetivos

- Analizar estrategias de comunicación interna que mejoren la cohesión, la fluidez de información y la coordinación entre equipos dentro de una organización.
- Conocer los aspectos esenciales de las presentaciones efectivas a fuerza de ventas.

1. Presentación a fuerza de ventas

La comunicación interna es el conjunto de acciones y canales que permiten que la información fluya de manera clara y eficiente entre todas las personas y departamentos de una empresa. Una buena comunicación interna ayuda a que todos y todas trabajen en la misma dirección, se sientan parte del equipo y se logren los objetivos comunes.

Fig. 1. Una buena comunicación interna convierte a cada empleado o empleada en un aliado activo de la marca, no solo en un ejecutor de tareas

Para que la comunicación interna funcione realmente bien, es necesario aplicar una serie de buenas prácticas que favorezcan el entendimiento, la participación y la cohesión dentro de la empresa.

A continuación, se exponen las más importantes:

- **Definir canales adecuados y accesibles:** Es importante establecer qué medios se utilizarán para compartir información (como el correo interno, boletines, intranet, chats corporativos o videollamadas) y especificar su función. Los empleados deben conocer cada canal y saber cuándo y cómo utilizarlo.
- **Incorporar un manual de bienvenida y normas internas:** Entregar un documento introductorio ayuda a las nuevas personas del equipo a comprender la cultura empresarial, los valores y las reglas básicas, facilitando su integración desde el principio.
- **Celebrar reuniones regulares con propósito:** Reunirse de forma periódica dentro de los equipos y entre departamentos permite intercambiar información,

resolver dudas y trabajar de forma coordinada. Es fundamental que estas reuniones tengan una estructura clara y que todos puedan participar.

- **Crear un entorno basado en la confianza y la transparencia:** Informar de manera abierta sobre decisiones, avances y cambios genera credibilidad. Sentirse al tanto de lo que ocurre en la empresa aumenta la motivación y el compromiso.

- **Fomentar la comunicación en ambos sentidos:** No solo es importante transmitir información desde la dirección, sino también escuchar las ideas, dudas y aportaciones de los empleados, y responder con claridad.

- **Potenciar la colaboración entre departamentos:** Establecer vínculos entre distintas áreas mejora la circulación de información, estimula la innovación y refuerza el espíritu de equipo.

- **Reconocer los logros individuales y colectivos:** Valorar públicamente el esfuerzo y los buenos resultados ayuda a crear un clima positivo y motiva a seguir mejorando.

- **Ofrecer formación en comunicación:** Enseñar habilidades comunicativas básicas favorece una expresión más clara, reduce conflictos y fortalece el trabajo en equipo.

- **Revisar y mejorar continuamente las prácticas internas:** Es conveniente evaluar periódicamente cómo está funcionando la comunicación en la empresa y ajustar las estrategias a partir del *feedback* recibido.

Los canales y herramientas más utilizados para fortalecer la comunicación interna combinan recursos tradicionales con tecnologías colaborativas. El correo electrónico y los boletines digitales siguen siendo eficaces para difundir información formal y novedades importantes. La intranet corporativa funciona como un espacio centralizado donde se concentran documentos clave, noticias internas y materiales de consulta. Las redes sociales internas y los chats de equipo permiten una comunicación más ágil y directa entre compañeros y departamentos.

Las videollamadas y plataformas colaborativas son fundamentales para reuniones virtuales y el trabajo remoto, facilitando la coordinación de tareas. También destacan los buzones de sugerencias y las encuestas digitales, que recogen opiniones del personal y fomentan la participación activa. Finalmente, los manuales de bienvenida y guías corporativas ayudan a integrar a las nuevas incorporaciones y transmitir la cultura y valores de la empresa desde el primer día.

Diseñar canales de comunicación internos que sean fáciles de entender y usar por todos los empleados es fundamental para que la información fluya de manera efectiva y nadie se quede fuera.

A continuación, se presentan algunos pasos y consejos prácticos para lograrlo:

1. **Conoce a tu equipo:** Antes de elegir o diseñar canales, es importante saber:
   - ¿Qué nivel de familiaridad tienen los empleados con la tecnología?
   - ¿Qué dispositivos usan (ordenador, móvil, tablet)?
   - ¿Prefieren mensajes escritos, vídeos, reuniones presenciales o digitales?

2. **Elige canales sencillos y accesibles**
   - Usa herramientas intuitivas y populares, como WhatsApp Business, Microsoft Teams, Slack o Google Workspace.
   - Si la empresa es pequeña, un grupo de WhatsApp o Telegram puede ser suficiente.
   - Para empresas más grandes, una **intranet** con menús claros y accesibles desde cualquier dispositivo es ideal.

3. **Organiza la información de forma clara**
   - Crea secciones o canales temáticos (por ejemplo: "Avisos", "Recursos Humanos", "Formación", "Novedades").
   - Usa nombres simples y directos para cada canal o sección.
   - Añade descripciones cortas para que todos sepan qué tipo de información encontrarán en cada espacio.

4. **Facilita el acceso**
   - Asegúrate de que todos los/as empleados/as tengan acceso con sus credenciales.
   - Si hay trabajadores sin acceso a ordenadores, utiliza pantallas informativas en zonas comunes o tablones físicos.
   - Ofrece acceso móvil para quienes trabajan fuera de la oficina.

5. **Capacita y acompaña**

o Da una breve formación o tutorial sobre cómo usar los canales (puede ser un vídeo, una guía paso a paso o una pequeña sesión práctica).

o Nombra a una persona de referencia para ayudar en caso de dudas o problemas técnicos.

6. **Fomenta la participación y el *feedback***

o Anima a los/as empleados/as a usar los canales para preguntar, proponer ideas o dar su opinión.

o Usa encuestas rápidas o buzones de sugerencias para mejorar los canales según las necesidades reales del equipo.

7. **Hazlo visual y atractivo**

o Utiliza iconos, colores y avisos visuales para destacar la información importante.

o Incluye imágenes, vídeos cortos o infografías para explicar procesos o novedades.

8. **Evalúa y mejora continuamente:**

o Pregunta regularmente a los/as empleados/as si los canales les resultan útiles y fáciles de usar.

o Adapta y simplifica según los comentarios recibidos.

Fig. 2. Una comunicación interna eficaz se construye paso a paso, desde conocer al equipo hasta evaluar y mejorar continuamente los procesos

2. La empresa y marca como cliente interno

La presentación de productos y valores de marca a la fuerza de ventas es un paso fundamental para que todo el equipo comercial esté motivado, informado y alineado con la estrategia global de la empresa. En este proceso, la empresa y la marca se consideran "clientes internos", porque los/as empleados/as deben comprender y compartir la propuesta de valor antes de transmitirla al mercado.

Entonces, ¿por qué es importante presentar bien los productos y valores de marca al equipo de ventas? Porque, si la fuerza de ventas no entiende a fondo el producto ni los valores de la marca, será difícil que logre convencer a los clientes externos.

Una presentación clara y motivadora permite que el equipo:

- Sepa explicar los beneficios y ventajas del producto.
- Responda con seguridad a las dudas de los clientes.
- Transmita los valores y la personalidad de la marca.
- Se sienta parte del proyecto y actúe con mayor compromiso.

Fig. 3. Una presentación interna bien estructurada permite al equipo de ventas comprender a fondo el producto y los valores de la marca, alineando su discurso con la estrategia global de la empresa

A continuación, se exponen los aspectos esenciales para saber cómo preparar una presentación efectiva para la fuerza de ventas:

- **Presentar la visión y los valores de la empresa**: Debe explicarse quién es la organización, cuál es su misión y qué valores la distinguen. Esto permite que el equipo comprenda el propósito detrás de cada producto y se alinee con la identidad de marca.
- **Explicar el problema que resuelve el producto**: No basta con enumerar sus características técnicas. Es necesario mostrar qué necesidad o dificultad del cliente soluciona el producto y cómo mejora su experiencia. Puede resultar útil incluir un ejemplo real o una breve historia que facilite la conexión emocional y la comprensión.
- **Describir el producto de forma clara y visual**: Se recomienda presentar sus características, ventajas y beneficios principales utilizando recursos visuales como diapositivas, imágenes, vídeos o demostraciones prácticas. Mostrar el producto en uso permite visualizar mejor su utilidad.
- **Usar casos prácticos y testimonio:** Compartir experiencias de clientes, datos de resultados o ejemplos reales aporta credibilidad al mensaje y refuerza el valor del producto. Los testimonios actúan como prueba social y pueden aumentar la motivación del equipo.
- **Comparar con la competencia**: Es conveniente señalar las principales diferencias frente a otros productos del mercado. Esto dota al equipo de argumentos sólidos para destacar la propuesta de valor y responder con eficacia a posibles objeciones.
- **Incluir una llamada a la acción y definir los próximos pasos**: Debe finalizarse la presentación indicando con claridad cuáles son los objetivos marcados, qué mensajes deben transmitirse, qué materiales de apoyo se proporcionan y de qué manera se pueden resolver dudas o solicitar asistencia.

Considerar a la propia empresa y a sus empleados/as como "clientes internos" significa que se debe cuidar la comunicación, la formación y la motivación del equipo igual que se hace con los clientes externos.

Algunas buenas prácticas son:

- Involucrar al equipo en la creación de mensajes y campañas.
- Escuchar sus sugerencias y dudas, y responderlas de forma transparente.
- Celebrar los logros y reconocer el esfuerzo individual y colectivo.
- Proporcionar materiales de apoyo claros y actualizados (guías, catálogos, vídeos).

Ejemplo

Imagina que se lanza un nuevo producto tecnológico. La presentación interna podría seguir estos pasos:

1. Breve vídeo sobre la misión de la empresa y el valor de la innovación.
2. Explicación del problema que resuelve el producto, usando una historia real de un cliente.
3. Demostración en vivo del producto, resaltando sus "superpoderes" frente a la competencia.
4. Presentación de testimonios de clientes satisfechos.
5. Entrega de un kit con materiales visuales y argumentarios de venta.
6. Espacio para preguntas y *feedback* del equipo.

Impulsar los valores de marca en el entorno laboral requiere mucho más que incluirlos en documentos institucionales. Para que tengan un impacto real, deben integrarse en el día a día de la empresa a través de una combinación de comunicación efectiva, acciones concretas y coherencia por parte del liderazgo. Una cultura corporativa saludable empieza por hacer que los valores no sean solo enunciados abstractos, sino parte activa del ambiente y del comportamiento colectivo. Esto se logra fomentando una cultura interna que premie la empatía, el respeto, la responsabilidad o la innovación, según los principios que defina la marca.

Una estrategia sólida de comunicación interna es clave para mantener a todo el equipo informado y alineado. Es recomendable diseñar un plan con mensajes continuos y accesibles a través de distintos canales: desde emails y cartelería interna hasta apps móviles o espacios colaborativos como intranets. No basta con mencionar los valores solo en el proceso de bienvenida; deben recordarse con frecuencia mediante *newsletters*, materiales visuales, dinámicas en reuniones o cápsulas en vídeo. La claridad del lenguaje, la coherencia del mensaje y la integración en todos los niveles organizativos refuerzan el compromiso.

Pasar de las palabras a los hechos es fundamental. Para ello, los valores deben transformarse en experiencias. Actividades como talleres, dinámicas de grupo, formaciones gamificadas o proyectos colaborativos ayudan a comprender y aplicar esos valores en situaciones reales. Programas como los "embajadores de marca", donde ciertos empleados actúan como referentes, o retos internos con recompensas simbólicas, pueden reforzar la adopción natural de estos principios en el día a día.

Además, abrir espacios donde se compartan historias reales de personas que hayan puesto en práctica esos valores crea una narrativa común e inspira al resto del equipo.

Fig. 4. Un embajador de marca es aquella persona dentro de la empresa que representa y transmite activamente los valores y la identidad de la marca, inspirando al resto del equipo con su actitud y compromiso diario

El ejemplo de los líderes es determinante. Cuando los cargos directivos predican con el ejemplo y demuestran un comportamiento coherente con los valores de la marca, el resto de la organización lo percibe como auténtico. La coherencia entre lo que se dice y lo que se hace en la alta dirección marca la diferencia y genera credibilidad.

Reconocer el buen desempeño relacionado con los valores es otra práctica esencial. Premiar públicamente a quienes los representan en su trabajo diario, ya sea mediante menciones en reuniones, diplomas simbólicos o agradecimientos formales, contribuye a reforzar comportamientos deseados. Este reconocimiento también puede darse compartiendo casos de éxito que muestren cómo esos valores generan un impacto positivo tanto en el ambiente interno como en la relación con los clientes.

El *feedback* activo refuerza el compromiso y da voz al equipo. Contar con canales de participación como encuestas, buzones de sugerencias o reuniones abiertas permite recoger ideas y percepciones sobre cómo se viven los valores en la práctica. También se puede invitar al personal a co-crear contenidos, por ejemplo, mediante vídeos, blogs internos o podcasts donde compartan su visión o experiencias relacionadas con los valores corporativos.

La formación continua es otro pilar importante. No todos los valores se comprenden o aplican del mismo modo en todos los departamentos. Por eso, es recomendable ofrecer talleres adaptados al contexto de cada equipo para explicar qué significa cada valor en la práctica y cómo integrarlo en el trabajo cotidiano.

Fig. 5. La formación también permite resolver dudas y fortalecer el sentido de pertenencia

Por último, la tecnología se convierte en un gran aliado. Plataformas colaborativas, apps de comunicación interna, microcápsulas formativas en vídeo o herramientas de gamificación pueden hacer más accesibles los contenidos sobre valores, incluso en organizaciones descentralizadas o con empleados en remoto. La clave está en facilitar el acceso, mantener el interés y generar una cultura digital que conecte con los principios de la marca.

Resumen

Una comunicación clara y accesible entre equipos mejora la coordinación, refuerza la confianza y permite tomar decisiones más ágiles. Para lograrlo, se recomienda definir canales adecuados para cada tipo de información, facilitar manuales de bienvenida, organizar reuniones periódicas con propósito, fomentar el *feedback* y garantizar la participación activa del personal. Las herramientas más útiles combinan lo tradicional (email, intranet, cartelería) con lo digital (apps, chats, plataformas colaborativas), adaptándose a las necesidades y perfiles tecnológicos de cada plantilla. El entorno debe revisarse y optimizarse continuamente para asegurar que nadie quede fuera del flujo de información y que el sistema responda con eficacia a los objetivos organizativos.

Para implicar al equipo comercial en la estrategia de marca, es fundamental que comprendan bien el producto, sus beneficios y el problema que resuelve. La presentación debe ser clara, visual, comparativa y con ejemplos prácticos. Es clave incorporar testimonios, explicar ventajas frente a la competencia y ofrecer materiales de apoyo concretos.

El compromiso interno también se refuerza mediante el reconocimiento, la participación en los mensajes, la formación continua y el liderazgo coherente con los valores que se desean transmitir. Usar tecnología, dinámicas colaborativas y contenidos accesibles facilita que los valores se integren en la cultura diaria y se reflejen tanto en la comunicación interna como en la relación con los clientes.

Glosario

Comunicación interna

Conjunto de procesos, mensajes y canales que permiten el intercambio de información dentro de una organización, entre sus distintos niveles, departamentos y equipos.

Cliente interno

Concepto que considera a los empleados como destinatarios clave de la comunicación y servicios de la empresa, igual de importantes que los clientes externos.

Fuerza de ventas

Conjunto de personas encargadas de comercializar los productos o servicios de una empresa, generalmente mediante contacto directo con el cliente.

Embajador de marca

Empleado o colaborador que representa activamente los valores, cultura y propuesta de valor de la empresa, dentro y fuera de la organización.

Canal de comunicación

Medio o plataforma a través del cual se transmite la información, como email, reuniones, intranet, redes internas o aplicaciones móviles.

Feedback

Retroalimentación o respuesta que se da sobre una acción, mensaje o resultado. En comunicación interna, permite mejorar el clima laboral y ajustar procesos.

Boletín interno

Herramienta escrita o digital que se utiliza para compartir noticias, logros, anuncios o mensajes relevantes dentro de la empresa.

Intranet

Red privada digital accesible solo para empleados, que centraliza documentos, comunicaciones, herramientas y contenidos internos.

Presentación comercial

Exposición estructurada de información sobre un producto, servicio o campaña que se realiza al equipo de ventas para su preparación y alineación.

Valores corporativos

Principios que definen la identidad, cultura y comportamiento deseado dentro de una empresa, y que deben transmitirse tanto interna como externamente.

Ejercicios de autoevaluación

1. ¿Cuál es uno de los principales beneficios de una buena comunicación interna dentro de la empresa?

    a. Aumentar la rotación del personal.

    b. Generar más correos electrónicos.

    c. Mejorar la cohesión y alineación del equipo.

    d. Disminuir la transparencia en los procesos.

2. ¿Qué debe incluir un manual de bienvenida eficaz para nuevos empleados?

    a. Información sobre productos de la competencia.

    b. Detalles técnicos del ERP.

    c. Cultura empresarial, valores y normas internas.

    d. Estadísticas de ventas del último trimestre.

3. ¿Qué función tiene la empresa cuando se habla del concepto de "cliente interno"?

    a. Generar campañas publicitarias externas.

    b. Ser un proveedor logístico para otras empresas.

    c. Formar y motivar a su propio personal como embajadores de marca.

    d. Actuar como cliente de sus propios productos.

4. ¿Qué herramienta facilita una comunicación más ágil y directa entre compañeros y departamentos?

    a. Manual de identidad corporativa.

    b. Chat de equipo como Slack o Teams.

    c. Catálogo de productos.

    d. Factura electrónica.

5. ¿Cuál es uno de los riesgos de una mala comunicación interna, según el contenido?

    a. Exceso de motivación.

    b. Mejor posicionamiento SEO.

    c. Desconexión emocional y rotación de personal.

    d. Incremento de ventas a corto plazo.

6. ¿Qué elemento se recomienda incluir en una presentación de producto para la fuerza de ventas?

    a. Códigos de programación.

    b. Testimonios de clientes reales.

    c. Instrucciones para empaquetado.

    d. Datos contables internos.

7. ¿Cuál es una buena práctica para mantener vivos los valores de la marca en el entorno laboral?

    a. Repetirlos solo en la entrevista de bienvenida.

    b. Incluirlos en los contratos laborales.

    c. Integrarlos en dinámicas, materiales y acciones cotidianas.

    d. Prohibir a los empleados hablar de ellos.

8. ¿Qué característica debe tener una reunión interna eficaz?

    a. Durar más de dos horas.

    b. Ser obligatoria solo para la dirección.

    c. Tener una estructura clara y fomentar la participación.

    d. Celebrarse únicamente en fechas señaladas.

9. ¿Cuál es el rol de los embajadores de marca dentro de la empresa?

    a. Diseñar campañas publicitarias.

    b. Representar y transmitir los valores de la marca.

    c. Coordinar la logística de almacenes.

    d. Realizar auditorías internas.

10.¿Qué tipo de canales pueden facilitar el acceso a la comunicación para empleados sin ordenador?

    a. Email marketing y CRM.

    b. Tableros físicos y pantallas informativas.

    c. Publicaciones en redes sociales externas.

    d. Llamadas telefónicas personales.

U. A. 7. Las redes sociales

Introducción

Las redes sociales han transformado profundamente la forma en que las marcas se comunican, crean comunidad y proyectan su imagen. En un entorno 2.0, la interacción digital se ha convertido en una herramienta estratégica para cualquier empresa que quiera conectar de forma auténtica, directa y continua con su público objetivo. Desde Facebook hasta TikTok, pasando por LinkedIn, Twitter o YouTube, cada plataforma ofrece posibilidades únicas para difundir contenido, fomentar el *engagement* y posicionar productos y servicios.

En esta unidad se estudian los fundamentos del ecosistema social media y se analizan las claves para diseñar e implementar una estrategia coherente, creativa y eficiente. También se abordan buenas prácticas en el uso de blogs, vídeos, campañas virales o gestión diaria de comunidades, incluyendo la medición del impacto y el retorno de inversión.

Objetivos

- Comprender el papel estratégico que juegan las redes sociales en la comunicación y el marketing digital de una marca.
- Saber diseñar, aplicar y medir una estrategia de social media adaptada al entorno digital actual, conociendo herramientas, canales y funciones específicas de un community manager.

1. Definición de entorno 2.0, cómo las redes sociales lo han cambiado todo

Vivimos en el entorno 2.0, y aunque no siempre seamos conscientes, estamos inmersos en una nueva forma de comunicarnos, aprender, consumir y hasta trabajar. El entorno 2.0 se caracteriza por ser colaborativo, interactivo y centrado en el usuario.

A diferencia de la web 1.0 —donde las personas eran simples lectoras de contenidos creados por otros—, ahora todos podemos generar, compartir y comentar información en tiempo real.

Las redes sociales han sido la gran palanca de este cambio. Hoy en día, una publicación puede volverse viral en minutos, cualquier persona puede convertirse en referente de un tema, y las marcas ya no tienen el control absoluto del mensaje: el poder también está en las manos del público. Por eso hablamos de comunicación bidireccional o incluso multidireccional, donde hay diálogo, opinión, participación y reacción casi instantánea.

Las empresas que entienden este cambio han transformado su forma de comunicar. Ya no se limitan a lanzar mensajes publicitarios tradicionales, sino que buscan crear comunidad, generar valor y responder activamente a sus seguidores. Instagram, TikTok, LinkedIn, X (antes Twitter) o YouTube no son solo canales de promoción, son espacios de conversación y escucha. Y ahí es donde se juega hoy la reputación, la fidelidad y muchas veces el éxito de una marca.

2. Cómo desarrollar e implementar una estrategia Social Media de una forma coherente, simple y diferente

Tener redes sociales no es lo mismo que tener una estrategia en redes sociales. Muchas marcas caen en el error de publicar sin rumbo, sin objetivos claros o copiando lo que hacen otras. Pero si realmente quieres aprovechar el potencial de estos canales, necesitas un plan social media bien pensado. Y no tiene por qué ser complicado, pero sí coherente, útil y distinto.

Fig. 1. Una estrategia social media efectiva comienza con una reflexión clara sobre qué comunicar, a quién y cómo, transformando el caos de ideas en un mensaje coherente, auténtico y memorable

El primer paso es conocer quién es tu público objetivo: ¿a quién quieres llegar?, ¿dónde pasa su tiempo online?, ¿qué le interesa? No es lo mismo dirigirse a adolescentes que a profesionales del sector salud. Una vez definido tu público, elige las redes sociales que tengan sentido para tu marca: no hay que estar en todas, sino en las que realmente aporten.

Después, establece objetivos claros y realistas: ¿quieres aumentar tu visibilidad?, ¿vender más?, ¿fidelizar clientes?, ¿atraer tráfico a tu web? Cada objetivo implica acciones distintas.

A partir de ahí, diseña el tipo de contenido que vas a compartir (informativo, educativo, inspirador, promocional...), con qué tono vas a comunicar (formal, cercano, divertido...) y con qué frecuencia lo harás. No olvides usar herramientas como calendarios editoriales, herramientas de programación (como Metricool o Hootsuite) y analítica para revisar cómo está funcionando todo.

Y, sobre todo, busca ser diferente: las personas siguen marcas que les aportan algo único, que son auténticas y que comunican de forma natural. Ser simple no es ser básico, es ser claro y directo. Y ser coherente no es repetir siempre lo mismo, sino tener una identidad clara y mantenerla en cada red.

3. Uso correcto de Facebook como herramienta clave de una correcta estrategia Social Media

Durante años, Facebook fue la red social por excelencia en cualquier estrategia de marketing digital. Permitía crear páginas de empresa, lanzar campañas publicitarias segmentadas y gestionar comunidades activas.

Actualmente, sigue siendo útil para ciertos públicos, especialmente en segmentos adultos o senior (a partir de los 45 años), así como para empresas que trabajan en sectores locales, institucionales o con comunidades específicas. Su ecosistema integrado con Meta Business Suite también facilita la gestión de anuncios y contenidos si se combina con otras redes del grupo.

Sin embargo, el comportamiento de los usuarios ha cambiado: en 2025, Instagram ha superado a Facebook en popularidad, especialmente entre públicos jóvenes y de mediana edad. Instagram destaca por su enfoque visual y por la variedad de formatos como Stories, Reels, carruseles o Lives, lo que permite a las marcas contar historias de manera atractiva, mostrar productos en acción y humanizar la relación con sus seguidores.

Fig. 2. Meta ofrece herramientas empresariales integradas como Business Suite que permiten gestionar Facebook, Instagram y Messenger desde un solo lugar

Además, TikTok se ha consolidado como la red con mayor capacidad de viralidad, especialmente entre los públicos más jóvenes (Gen Z y Alpha).

Su algoritmo permite que incluso cuentas pequeñas puedan obtener gran alcance si el contenido es creativo, rápido y auténtico. Es ideal para campañas basadas en tendencias, retos, y contenidos cortos con impacto emocional.

Por otro lado, WhatsApp Business ha ganado fuerza como canal de comunicación directa, especialmente en atención al cliente, confirmaciones de compra, envío de catálogos interactivos y automatización con respuestas rápidas. En países como España, el uso de WhatsApp es masivo, lo que lo convierte en un canal útil para complementar estrategias de social media con atención personalizada.

Aunque Facebook ya no es la red social más usada entre los jóvenes, sigue desempeñando un papel importante en ciertas estrategias de marketing digital y conserva funcionalidades clave que aún resultan útiles para muchas marcas:

- Es eficaz publicar contenido variado de forma regular, combinando texto, vídeo, eventos o encuestas para mantener el interés.
- Las campañas publicitarias (Facebook Ads) permiten una segmentación detallada del público objetivo por edad, intereses, ubicación, comportamiento, etc.
- Los grupos de Facebook siguen siendo espacios útiles para crear comunidades alrededor de temas concretos o marcas, y facilitar la interacción.
- Con Facebook Insights se puede medir el alcance, el *engagement* y el rendimiento de las publicaciones para ajustar la estrategia.

 Anotación

Facebook no debe considerarse la red central de toda estrategia digital en 2025, pero puede seguir utilizándose de forma táctica en contextos donde su alcance aún sea efectivo.

4. Cómo 140 caracteres son capaces de crear oportunidad. Relevancia. Customer Care. RRPP e información pura y directa de nuestros clientes y competencia. Twitter, 200 millones y creciendo

Aunque tradicionalmente se ha dicho "140 caracteres", desde hace ya varios años el límite es de 280 caracteres, y hoy Twitter —ahora llamada X desde su adquisición por Elon Musk— sigue siendo una red de referencia para la inmediatez, la atención al cliente y la comunicación directa.

Fig. 1. X es ideal para lanzar anuncios breves, responder a clientes al momento y seguir conversaciones clave del sector en tiempo real

A continuación, se exponen algunas de sus principales aplicaciones de X (anteriormente Twitter) en la gestión de marca y comunicación digital:

- **Atención al cliente (Customer Care):** Esta red resulta eficaz para resolver dudas, gestionar quejas o atender incidencias. Lo recomendable es mantener una respuesta rápida, cercana y transparente.

- **Reputación e imagen de marca (Relaciones Públicas):** X es un canal ampliamente utilizado por periodistas, figuras públicas, activistas y responsables políticos. Lo que se publica en esta plataforma puede generar un gran impacto mediático, tanto positivo como negativo.

- **Escucha activa:** La red permite monitorizar menciones sobre la marca propia o la competencia. Herramientas como TweetDeck o Hootsuite facilitan este seguimiento, ayudando a identificar preocupaciones de los usuarios, tendencias emergentes y oportunidades de mejora.

- **Difusión de información directa y relevante:** Twitter/X permite comunicar mensajes clave, compartir noticias, lanzar promociones o informar sobre novedades de forma ágil, clara y sin necesidad de largos desarrollos.

- **Humanización de la marca:** Adoptar un tono natural, mostrar opiniones genuinas o participar en conversaciones actuales —siempre desde el respeto y la coherencia— contribuye a generar una imagen cercana y auténtica.

 **Importante**

X no es para todo el mundo ni para todas las marcas. Su tono es rápido, directo y a veces ácido. Pero si encaja con tu identidad y tienes capacidad de gestión constante, puede abrirte muchas puertas.

Ejemplo

- **Ejemplo 1: Marca de repostería saludable "Cacao Vital".** Lanzamiento de producto y gestión de *feedback* negativo.

  1. **Presentación de nuevo producto:** *¡Nuevo en nuestra carta! Brownie proteico de calabaza y cacao puro. Vegano, sin azúcares añadidos y con 12g de proteína. Pídelo ya en nuestra web o visítanos en nuestra tienda de Lavapiés #CacaoVital #ReposteríaSaludable*

  2. **Atención al cliente (*Customer Care*):** Un usuario comenta: *@CacaoVital probé el nuevo brownie, pero me pareció algo seco.* La marca responde: *Hola ¡Gracias por decírnoslo! Vamos a revisar el horneado. Escríbenos por DM y te enviamos otra unidad con una textura mejorada, ¡esperamos tu opinión! #Escuchamos*

- **Ejemplo 2: Marca de moda urbana "Niebla Norte".** Evento especial en tienda física y promoción en X.

  1. **Anuncio de evento:** *Este viernes montamos fiestón en nuestro local de Gràcia. DJ local, cerveza artesanal y colección cápsula "Distrito 5". De 18h a 22h. Entrada libre hasta completar aforo. #NieblaNorteLive #ModaBarcelona*

  2. **Participación de la comunidad:** *¿Cuál es tu mood de este finde? Sudadera XL/Camiseta de red ¡Vota y nómbranos en tu look para entrar en el sorteo de un tote exclusivo! #TuEstiloNiebla*

  3. **Reputación y viralidad:** Una periodista de NeoMod Magazine sube una historia mencionando a la marca: *"En @NieblaNorte se mezcla la ropa, el arte y la noche. Así sí."* La marca retuitea con comentario: *¡Gracias por la visita, @NeoModMag! Nos hace ilusión ver cómo la moda urbana conecta con la cultura de barrio.*

5. Integración del blog como herramienta de comunicación y marketing de la marca. Creación. Organización, de qué hablar, cuándo y cómo

El blog continúa siendo una de las herramientas más útiles para construir una voz propia en internet y conectar con la audiencia de forma cercana y auténtica. Lejos de haber quedado obsoleto, un blog bien gestionado permite ofrecer contenido de valor, mejorar el posicionamiento en buscadores (SEO) y reforzar la imagen de marca con información útil y bien estructurada.

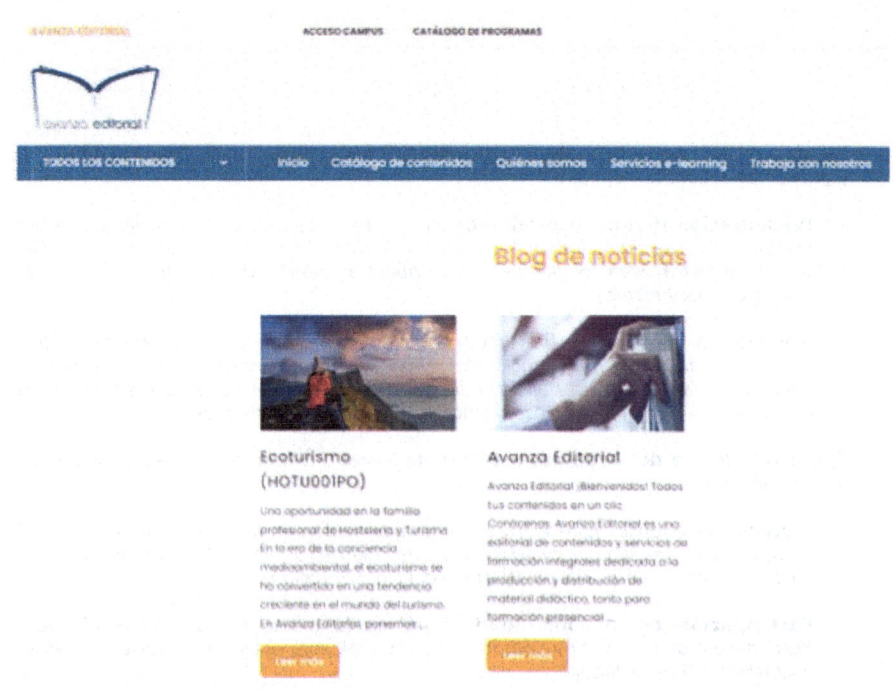

Fig. 2. Por ejemplo, el blog de Edavanza ofrece contenidos formativos actualizados sobre cursos y tendencias educativas en sectores como el turismo, el emprendimiento o la gestión empresarial

Para que el blog funcione como herramienta de marketing, resulta esencial integrarlo en la estrategia digital general. Debe estar alineado con los valores de la marca, reflejar su identidad y adaptarse a los intereses del público objetivo. Lo habitual es que se utilice para profundizar en temas relacionados con los productos, el sector, las tendencias o incluso para contar historias internas de la empresa que humanicen la comunicación.

A la hora de organizar el contenido, se recomienda planificar un calendario editorial mensual. Este debe indicar de qué se va a hablar, cuándo se publicará y quién será el responsable de prepararlo. Las entradas deben ser claras, visualmente atractivas (con imágenes, subtítulos y enlaces internos) y estar escritas en un tono cercano y profesional.

A continuación, se presenta un ejemplo de un calendario editorial mensual para el blog de una empresa que se dedica a arreglar autocaravanas, llamado por ejemplo "RodantePro":

- Calendario editorial – Blog de RodantePro.
- Especialistas en reparación y mantenimiento de autocaravanas en España.
- Mes: Junio 2025.
- Objetivo: mejorar visibilidad online, captar clientes potenciales, fidelizar usuarios actuales y posicionar la marca como referente del sector.

Fecha de publicación	Título del artículo	Tipo de contenido	Objetivo	Palabras clave	Notas
3 de junio (lunes)	Cómo preparar tu autocaravana para el verano: *checklist* básica	Guía práctica	Fidelización / SEO estacional	Preparar autocaravana verano, *checklist* mantenimiento	Incluir descargable PDF
6 de junio (jueves)	Top 5 averías más comunes en autocaravanas y cómo prevenirlas	Educativo / divulgativo	Captación / SEO	Averías autocaravana, mantenimiento preventivo	Enlace a servicios
10 de junio (lunes)	Reparar una fuga de agua en tu autocaravana: ¿cuándo hacerlo tú y cuándo acudir al taller?	Blog comparativo	SEO long tail / valor práctico	Fuga autocaravana, reparar o taller	CTA a pedir cita
13 de junio (jueves)	¿Cuánto cuesta reparar una autocaravana en España? (Guía 2025)	SEO informativo / transparencia	Captación	Precio reparación autocaravana, tarifas talleres	Datos reales + contacto
17 de junio (lunes)	Viajar seguro: revisión obligatoria antes de salir de ruta	Recomendación técnica	SEO / confianza	Revisión autocaravana, seguridad viaje	Promoción revisión básica
20 de junio (jueves)	Antes y después: así reparamos una autocaravana con daños por granizo	Caso real / visual	Autoridad de marca	Reparación carrocería autocaravana, daños granizo	Fotos reales del taller
24 de junio (lunes)	Accesorios imprescindibles para el interior de tu autocaravana este verano	Recomendación / tendencia	SEO productos / afiliación	Accesorios autocaravana, interior camper	Enlaces afiliados
27 de junio (jueves)	Cómo detectar problemas eléctricos en tu autocaravana sin ser técnico	Educativo / checklist	SEO técnico accesible	Problemas eléctricos autocaravana, batería camper	Enlace a cita para revisión

También se aconseja aprovechar el blog para responder preguntas frecuentes de los usuarios, reforzar campañas activas o complementar lo que se publica en redes sociales.

Por ejemplo, si en Instagram se lanza una nueva colección, en el blog puede explicarse el proceso de creación, las ideas detrás del diseño o consejos de uso.

6. LinkedIn la red de contactos profesionales que multiplica las oportunidades de usuarios y empresas. Configuración de un perfil eficiente que ofrezca oportunidades de negocio

LinkedIn se ha consolidado como la red social más eficaz para crear relaciones profesionales, generar visibilidad de marca personal o empresarial y acceder a nuevas oportunidades de negocio. Actualmente, más de 1.000 millones de personas tienen cuenta en esta red, lo que demuestra su peso dentro del ecosistema digital.

Esta red se utiliza para mostrar trayectoria, valores, proyectos y logros tanto de personas como de empresas. Un perfil bien configurado no solo facilita ser encontrado por clientes, colaboradores o empleadores, sino que también proyecta una imagen sólida y profesional.

Para crear un perfil eficiente, se recomienda:

- Elegir una foto profesional y actual.
- Incluir un titular claro que resuma la actividad o valor diferencial.
- Redactar un extracto atractivo, que explique quién se es, qué se ofrece y por qué se marca la diferencia.
- Detallar la experiencia y formación, destacando logros concretos.
- Añadir enlaces a proyectos, publicaciones, vídeos o páginas web.

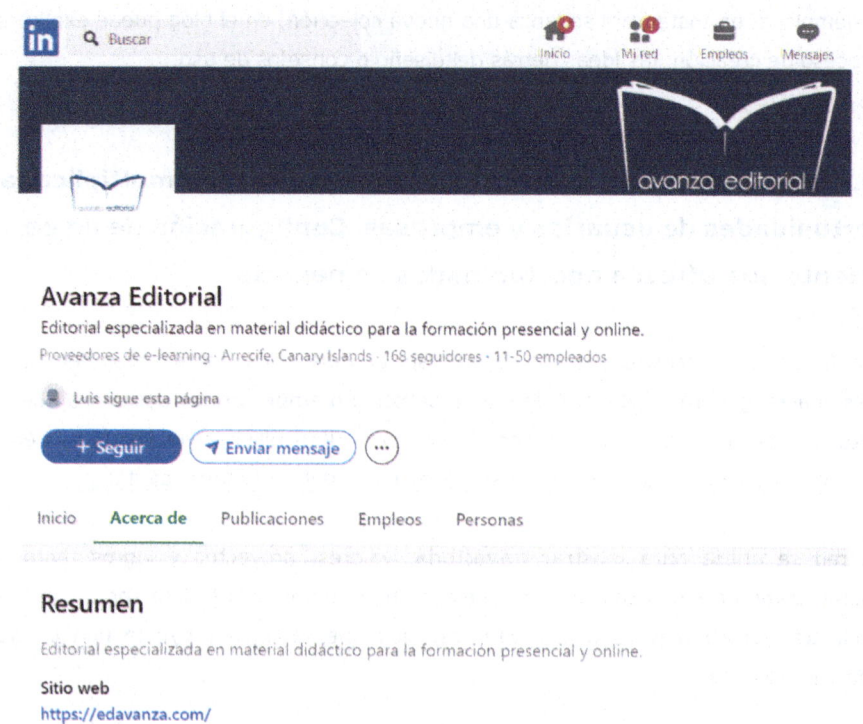

Fig. 3. Por ejemplo, La página de LinkedIn de Avanza Editorial presenta a la empresa como una editorial especializada en material didáctico para formación presencial y online

Las empresas, por su parte, pueden crear una página de empresa para compartir actualizaciones, mostrar productos o servicios, publicar ofertas de empleo y mejorar su presencia de marca. Además, a través de las campañas de LinkedIn Ads se pueden segmentar anuncios con gran precisión, lo que resulta muy útil en sectores B2B.

Participar en debates, publicar contenidos propios y recomendar publicaciones de otros usuarios son estrategias que favorecen el alcance orgánico y la creación de una red profesional activa. LinkedIn no es una red pasiva: cuanto más se participa, mayor es la visibilidad y el impacto.

7. Buscando mayor efectividad, mejor expresión, más atención y viralidad. El vídeo y YouTube los mejores aliados del presente y mucho más del futuro

Hoy en día, el contenido en vídeo se posiciona como el formato más consumido y compartido en internet. Se estima que más del 80 % del tráfico web está relacionado con vídeos, lo que convierte a plataformas como YouTube en herramientas imprescindibles dentro de cualquier estrategia de marketing digital. Además, los algoritmos de redes sociales premian este tipo de contenido, dándole más visibilidad y alcance.

YouTube, además de subir vídeos, permite crear un canal de marca, organizar contenidos por listas, emitir en directo y acceder a métricas detalladas que ayudan a entender qué funciona y qué se puede mejorar. En sectores como la moda, la educación o la tecnología, es común utilizar vídeos para mostrar procesos de producción, enseñar a usar un producto, compartir opiniones o hacer entrevistas.

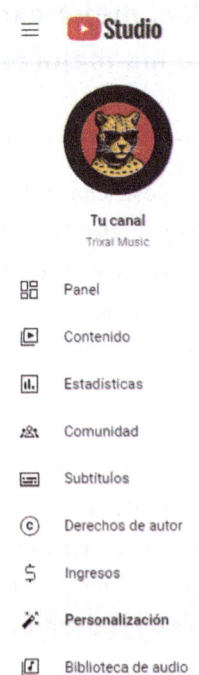

Fig. 4. Las opciones de un canal en YouTube Studio permiten gestionar la publicación de contenido, el análisis de estadísticas, la interacción con la comunidad, la personalización del canal, la revisión de derechos de autor y la monetización

También otras plataformas como Instagram (Reels), TikTok o incluso LinkedIn con vídeos cortos profesionales han demostrado ser eficaces para atraer la atención del público, especialmente el más joven. El vídeo genera cercanía, transmite confianza y facilita que los mensajes clave lleguen de forma clara y memorable.

Una estrategia eficaz con vídeo puede incluir tutoriales, vídeos de "detrás de cámaras", testimonios de clientes, lanzamientos de productos o mensajes institucionales. La clave está en cuidar el contenido (que sea breve, interesante y bien producido) y adaptarlo al canal en el que se va a publicar. Hoy más que nunca, comunicar también significa saber contar historias en vídeo.

8. Organización del día a día de un Comunity Manager, ser eficaz siempre y en todo lugar

La figura del Community Manager ha ganado gran relevancia dentro de las empresas, ya que es la persona que se encarga de gestionar la voz de la marca en redes sociales y construir relaciones activas con la comunidad digital. Su trabajo va mucho más allá de publicar contenido: también implica planificar, responder, analizar, mejorar y, sobre todo, estar presente.

Una jornada habitual incluye tareas como:

- Revisar notificaciones, mensajes y menciones en redes sociales.
- Responder dudas, gestionar quejas o agradecer comentarios.
- Publicar contenido programado o adaptarlo según la actualidad.
- Monitorizar lo que se dice de la marca o del sector.
- Analizar estadísticas de alcance, interacción y conversión.
- Coordinarse con otros departamentos (diseño, ventas, producto...).
- Buscar nuevas ideas, tendencias y formatos creativos.

Para facilitar esta gestión, se suelen usar herramientas como Meta Business Suite, Hootsuite, Buffer o Metricool, que permiten programar publicaciones, responder mensajes desde una única bandeja de entrada y analizar resultados de manera sencilla.

Fig. 5. Hootsuite es una herramienta de gestión de redes sociales que permite programar publicaciones, monitorizar menciones y analizar el rendimiento de varias cuentas desde un solo panel

Además, es importante seguir una planificación semanal que incluya tanto contenidos fijos (por ejemplo, publicaciones de los lunes) como márgenes para responder a la actualidad o interactuar con la comunidad. Tener un buen calendario editorial, plantillas visuales y mensajes tipo también ahorra tiempo y mejora la coherencia de marca.

 Anotación

Ser Community Manager requiere organización, empatía, conocimiento digital y capacidad de adaptación constante. Es una figura clave para mantener el vínculo entre la empresa y su audiencia, y para transformar seguidores en comunidad real.

9. Medición, Retorno de Inversión, Eficacia de campañas. No hay una regla de oro, solo la medición descubrirá que funciona mejor para la comunidad de la Marca

En el mundo de las redes sociales, no basta con publicar y esperar resultados. Lo que realmente marca la diferencia es medir de forma constante lo que ocurre con cada publicación, campaña o acción. No hay una fórmula mágica que funcione para todas las marcas, pero sí existen herramientas y métricas que permiten saber qué está funcionando y qué no.

Dependiendo de los objetivos definidos, se pueden seguir diferentes indicadores (KPI).

Algunos ejemplos son:

- **Alcance:** cuántas personas han visto una publicación.
- **Impresiones:** cuántas veces se ha mostrado el contenido (una misma persona puede verlo varias veces).
- **Interacciones:** "me gusta", comentarios, compartidos o clics.
- **CTR (Click Through Rate):** porcentaje de personas que hicieron clic en un enlace respecto al total de impresiones.
- **Tiempo de visualización:** especialmente relevante en vídeos, tanto en YouTube como en Reels o TikTok.
- **Nuevos seguidores o suscriptores.**
1. **Conversiones:** cuántas personas han realizado la acción deseada (comprar, suscribirse, descargar...).

Cada red social ofrece su propio sistema de estadísticas integrado:

- **Instagram y Facebook:** Meta Business Suite y Creator Studio.
- **TikTok:** TikTok Analytics desde el perfil profesional.
- **YouTube:** YouTube Studio con informes muy detallados de cada vídeo.
- **LinkedIn:** estadísticas en páginas de empresa y en publicaciones individuales.
- **Twitter/X:** sección de análisis con métricas de rendimiento para tweets.

Además, se puede complementar con herramientas externas como:

- **Google Analytics 4:** para medir tráfico web, conversiones y comportamiento de los usuarios que llegan desde redes sociales.
- **Hotjar:** para mapas de calor y comportamiento dentro del sitio web.
- **Hootsuite, Metricool o Buffer:** para gestionar varias redes y ver resultados comparados.
- **Facebook Pixel / TikTok Pixel / Conversion API:** para hacer seguimiento de conversiones y crear audiencias personalizadas.

Fig. 6. Google Analytics es una herramienta gratuita de Google que permite analizar el comportamiento de los usuarios en un sitio web, facilitando la toma de decisiones basadas en datos reales

El **ROI** mide el beneficio que se obtiene frente al dinero que se invierte en una campaña. Se calcula con la fórmula:

$$ROI = (Ganancia \; obtenida - Inversión) / Inversión \; x \; 100$$

 **Ejemplo**

Por ejemplo: Si se invierten 300€ en una campaña en Instagram y se generan 900€ en ventas directamente atribuibles a ella, el ROI es del 200 %. Es decir, por cada euro invertido, se han ganado tres.

Pero el ROI no siempre debe medirse en dinero directo. También se puede calcular en función de:

- Suscriptores nuevos.
- Leads (formularios rellenados).
- Visitas al sitio web.
- Descargas de contenido.

Para que este cálculo sea fiable, es imprescindible tener bien configurados los objetivos de conversión, algo que se puede hacer en plataformas como Google Analytics o en los gestores de campañas publicitarias.

No todo se basa en números altos. Una campaña puede tener pocas visualizaciones, pero generar muchas ventas si está bien segmentada. También puede tener muchas interacciones, pero no convertir si el público no era el adecuado.

Por eso, se recomienda:

- **Comparar resultados entre campañas.**
- **Medir antes, durante y después.**
- **Hacer pruebas A/B** (dos versiones de un mismo anuncio) y quedarse con la que mejor funcione.
- **Ajustar en tiempo real.** Si algo no funciona, se puede pausar, cambiar el texto, la imagen o la segmentación, y volver a probar.

Medir no es opcional. Es la única forma de optimizar esfuerzos y presupuestos, entender a la comunidad y mejorar cada campaña. La clave está en no adivinar, sino observar y decidir en base a datos reales. Así, se construye una estrategia sólida, rentable y coherente con los objetivos del negocio.

Resumen

Las redes sociales funcionan como canales de comunicación bidireccional donde las marcas no solo informan, sino que también escuchan, responden y generan comunidad. El entorno 2.0 se basa en la participación del usuario, y cada plataforma tiene funciones distintas: Instagram potencia lo visual, TikTok impulsa contenidos cortos y virales, X facilita la inmediatez, LinkedIn permite el posicionamiento profesional y YouTube domina en formato vídeo. Tener una estrategia en redes implica conocer al público objetivo, elegir bien las plataformas, marcar objetivos claros (visibilidad, fidelización, ventas...), definir el tipo de contenido, establecer una frecuencia de publicación y analizar resultados.

La creación de contenido útil y auténtico en blogs, vídeos o campañas mejora la presencia digital y la confianza. Los perfiles profesionales en LinkedIn deben estar optimizados para generar oportunidades reales de negocio. Las métricas básicas en redes incluyen el alcance, las impresiones, las interacciones, los clics y las conversiones. El ROI (Retorno de la Inversión) se calcula en función del beneficio conseguido frente a lo invertido. El trabajo del community manager requiere organización diaria, escucha activa, adaptación constante y el uso de herramientas como Hootsuite, Metricool o Google Analytics para programar, medir y ajustar la estrategia en tiempo real.

Glosario

Calendario editorial

Planificación mensual o semanal de las publicaciones en redes sociales o blogs, que incluye fechas, temas, objetivos y responsables de cada contenido.

Community Manager

Profesional encargado de gestionar la presencia de una marca en redes sociales, crear contenido, interactuar con la comunidad y cuidar la reputación online.

Contenido viral

Publicación que se difunde masivamente en poco tiempo gracias a su capacidad de captar la atención y ser compartida por los usuarios.

Engagement

Grado de interacción de los usuarios con una marca en redes sociales, medido por *likes*, comentarios, compartidos, respuestas o menciones.

Entorno 2.0

Espacio digital basado en la participación activa del usuario, donde se comparte, comenta y crea contenido en tiempo real, a diferencia de la web 1.0, que era solo informativa.

Hashtag

Etiqueta precedida por el símbolo # que se usa para agrupar contenido relacionado y facilitar su búsqueda en redes como X (Twitter) o Instagram.

KPI (Key Performance Indicator)

Indicadores clave que permiten medir el rendimiento de una acción o campaña, como el alcance, la tasa de clics o el número de conversiones.

ROI (Return on Investment)

Indicador que mide la rentabilidad de una campaña. Se calcula dividiendo el beneficio obtenido entre la inversión realizada y multiplicando por 100.

Segmentación

Técnica para dividir al público según edad, ubicación, intereses o comportamiento, y así dirigir los mensajes adecuados a cada grupo.

Storytelling

Técnica de marketing que consiste en contar historias con contenido emocional o narrativo para conectar con la audiencia y reforzar el mensaje de marca.

Ejercicios de autoevaluación

1. **¿Qué caracteriza al entorno 2.0?**

   a. Participación activa de los usuarios.

   b. Contenido estático.

   c. Comunicación unidireccional.

   d. Solo texto sin multimedia.

2. **¿Qué mide el ROI en una campaña de marketing digital?**

   a. Rentabilidad obtenida frente a la inversión.

   b. Cantidad de publicaciones realizadas.

   c. Tasa de interacción en redes sociales.

   d. Número de seguidores nuevos.

3. **¿Qué red social es más popular actualmente entre el público joven para contenidos virales?**

   a. LinkedIn.

   b. Facebook.

   c. TikTok.

   d. X (Twitter).

4. **¿Qué herramienta permite programar publicaciones y gestionar varias redes desde un mismo panel?**

   a. Photoshop.

   b. Hootsuite.

   c. Excel.

   d. Canva.

5. ¿Qué es un calendario editorial?

  a. Un gráfico de estadísticas de redes.

  b. Un programa de edición de imágenes.

  c. Un documento para planificar publicaciones.

  d. Una agenda con reuniones semanales.

6. ¿Qué formato de contenido tiene mayor alcance y consumo en redes actualmente?

  a. Texto largo.

  b. Encuestas.

  c. Vídeo.

  d. Infografías.

7. ¿Qué tipo de contenido suele funcionar mejor en Instagram?

  a. Posts con enlaces largos.

  b. Historias de texto plano.

  c. Contenido visual como *reels* y carruseles.

  d. Documentos descargables.

8. ¿Cuál es la función principal de un Community Manager?

  a. Programar campañas en televisión.

  b. Publicar en el blog corporativo únicamente.

  c. Gestionar la presencia de una marca en redes sociales.

  d. Diseñar logotipos de la empresa.

9. **¿Qué significa KPI en marketing digital?**

   a. Plataforma de imagen y vídeo.

   b. Indicador clave de rendimiento.

   c. Publicación destacada de la semana.

   d. Base de datos de clientes.

10. **¿Qué red social se usa principalmente para fines profesionales y búsqueda de empleo?**

    a. Instagram.

    b. YouTube.

    c. TikTok.

    d. LinkedIn.

Aplicaciones prácticas

Aplicación práctica 1. Prospección

U. A. 1. Prospección

Conecta Kids es una pequeña marca española de ropa infantil sostenible que vende exclusivamente a través de su tienda online. Su equipo de marketing quiere aumentar las ventas y mejorar la conexión con sus seguidores en redes sociales, especialmente en Instagram y TikTok, donde tienen presencia, pero poco *engagement*.

Recientemente han notado un aumento en las búsquedas relacionadas con "ropa reciclada para niños" y han visto que algunos vídeos virales muestran ideas creativas para reutilizar prendas infantiles. El equipo decide aplicar técnicas de *coolhunting* y shopping experiencial para adaptar su estrategia.

El equipo de marketing realiza una observación activa en TikTok e Instagram. Detectan que hay una tendencia creciente en vídeos que muestran cómo transformar camisetas viejas en mochilas o disfraces para niños y niñas. Además, notan que los usuarios valoran mucho los productos que pueden personalizar y que se expliquen de forma visual.

Tras analizar los patrones, deciden lanzar una pequeña colección limitada de camisetas de algodón reciclado con ilustraciones diseñadas por artistas infantiles, y acompañarla con una campaña de contenido participativo bajo el *hashtag* #MiCamisetaCobraVida, donde los clientes comparten cómo personalizan la prenda con sus hijos e hijas.

Para facilitar la compra, etiquetan los productos directamente en los *reels* y publicaciones de Instagram. Además, ofrecen un descuento exclusivo durante una semana para quienes participen en el reto del *hashtag*. También habilitan un *chatbot* con IA para resolver dudas rápidas y recomendar tallas.

- ¿Qué señales de tendencia ha detectado el equipo de Conecta Kids?
- ¿Qué pasos del ciclo del *coolhunting* se han aplicado en este caso?
- ¿Qué elementos del *shopping* experiencial se han implementado?
- ¿Cómo ha fomentado la marca el *engagement* con su comunidad?

Aplicación práctica 2. Evolución de mercado con microtendencias

U. A. 2. Herramientas y estrategias de desarrollo de colección

Moda Arwen, la marca de ropa urbana y sostenible, quiere reforzar su presencia a lo largo de todo el año y adaptarse a las nuevas exigencias del mercado digital. Hasta ahora solo lanzaba dos colecciones principales al año (primavera/verano y otoño/invierno), pero el equipo de diseño y marketing ha decidido diversificar su estrategia de producto para mantener el interés constante y aumentar las ventas online.

En 2025, la empresa desarrolla una nueva estructura de colecciones. Mantendrá las dos de temporada como base, pero añadirá tres formatos adicionales: una colección crucero exclusiva, una *reprise* de sus prendas más vendidas, y cápsulas de pronto moda inspiradas en microtendencias detectadas en TikTok y Pinterest.

Durante el mes de enero, lanzan su colección crucero, con prendas versátiles, frescas y de inspiración mediterránea, diseñadas para escapadas invernales a climas templados. El desfile de presentación se graba en una cala de la costa de Almería y se difunde en redes como un "evento virtual". Al mismo tiempo, contactan con *influencers* del sector eco-lifestyle que comparten sus *looks* favoritos.

En abril, repiten el lanzamiento de su famosa chaqueta "Andrómeda", muy demandada en 2023. Esta vez la presentan en tres colores nuevos y con forro reciclado. La decisión se tomó tras una votación en sus historias de Instagram. Se trata de una colección reprise, limitada, que conecta con su comunidad más fiel.

En junio, detectan una tendencia viral: los pantalones cargo *oversize* en tonos pastel. Moda Arwen lanza en solo 3 semanas una microcolección de pronto moda con tres modelos adaptados a su estilo urbano. La producción se realiza de forma ágil y local. Se promociona con vídeos en formato vertical, mostrando diferentes combinaciones de prendas.

- ¿Qué ventajas obtiene Moda Arwen al complementar sus colecciones de temporada con otros formatos?
- ¿Qué define a la colección crucero y cómo se ha adaptado al perfil de la marca?
- ¿Por qué la colección reprise de la chaqueta "Andrómeda" puede considerarse una estrategia inteligente?
- ¿Qué elementos caracterizan a la microcolección de pronto moda lanzada en junio?

Aplicación práctica 3. Desarrollo de un producto

U. A. 3. Desarrollo producto

Aplicar paso a paso las fases de desarrollo de un producto real, desde la idea hasta su producción, incluyendo la elaboración de la ficha técnica, prototipo, validación con usuarios, presentación digital y estrategias de control de calidad.

Moda Arwen, la marca de moda urbana y sostenible que ya has conocido en unidades anteriores, ha decidido lanzar un nuevo producto: un bolso tote unisex llamado "Oria", hecho con materiales reciclados y diseñado para personas que buscan funcionalidad, estilo y conciencia ecológica. Tu equipo formará parte del grupo responsable de supervisar el desarrollo del producto hasta su lanzamiento final.

Debéis tomar decisiones clave sobre cada fase del proceso. Tenéis acceso a herramientas digitales, redes sociales para interactuar con la comunidad y un pequeño grupo de testers habituales que colaboran en lanzamientos.

Analiza la siguiente situación: los seguidores de Moda Arwen han comentado en redes que necesitan un bolso más funcional para el día a día, con espacio para portátil y bolsillos seguros, pero que no renuncie a un diseño atractivo y ético. ¿Qué características incorporarías al diseño del bolso basándote en este feedback?

A partir de la propuesta de bolso, elabora una ficha técnica básica. Deberás incluir al menos:

- Material principal.
- Dimensiones aproximadas.
- Tipos de bolsillo.
- Elementos sostenibles incluidos.
- Costes estimados de producción.

Se ha creado una muestra física de "Oria" y se va a entregar a cinco personas del programa de testers: ¿Qué tipo de preguntas o indicadores incluirías en una encuesta para recoger su experiencia de uso?

Se va a realizar un pre-lanzamiento digital del bolso en Instagram y YouTube Shorts, incluyendo un evento interactivo en directo: ¿Qué elementos incluirías en el contenido visual para captar la atención y reforzar los valores de marca?

Aplicación práctica 4. Estrategia de marketing

U. A. 4. Marketing aplicado a producto

Moda Arwen se prepara para lanzar una nueva línea cápsula de productos básicos unisex bajo el nombre "Raíz", una colección limitada de camisetas, sudaderas y tote bags fabricadas con algodón orgánico certificado y tintes naturales. La colección tiene un enfoque minimalista y sostenible, orientado a personas jóvenes, urbanas y concienciadas con el medio ambiente.

El equipo de marketing debe diseñar una estrategia coherente con la identidad de la marca y con el mensaje de sostenibilidad que promueve Arwen. Tu rol es coordinar las principales decisiones estratégicas en torno al producto, su presentación y la comunicación interna del equipo.

Los costes de producción estimados son de 6€ por camiseta, 11€ por sudadera y 3€ por tote bag. Moda Arwen quiere mantener un posicionamiento medio-alto y transmitir valor sostenible.

- ¿Qué precios de venta propondrías?
- ¿Aplicarías alguna técnica de *pricing* (psicológico, premium, por valor percibido)? Justifica brevemente.

Diseña los elementos básicos del branding para esta colección "Raíz":

- Slogan de campaña.
- Paleta de colores.
- Tono de voz en redes.
- Estilo visual del logotipo asociado a la colección.
- ¿Cómo se diferencia esta colección del resto de la marca?

Moda Arwen cuenta con tienda online propia y presencia en eventos de diseño sostenible.

- Propón un canal digital y uno físico para reforzar el lanzamiento de "Raíz".
- Justifica por qué son coherentes con el público objetivo.

Describe brevemente a qué tipo de consumidor se dirige esta colección:

- Edad.
- Intereses.
- Estilo de vida.
- Comportamiento de compra.

El equipo de marketing está compuesto por cinco personas que trabajan desde distintas ciudades.

- ¿Qué herramienta utilizarías para las reuniones semanales?
- ¿Cómo compartirías el orden del día y documentos clave?
- ¿Qué harías para asegurar la participación del equipo?
- ¿Cómo harías seguimiento de lo acordado tras cada reunión?

Aplicación práctica 5. Elección de proveedores

U. A. 5. Gestión proveedores

Moda Arwen, especializada en moda urbana y sostenible, va a lanzar su nueva colección cápsula EcoReprise 2025, basada en reediciones de prendas que tuvieron mucho éxito en temporadas pasadas, como su chaqueta *oversize* y el pantalón *palazzo* de lino reciclado. El equipo quiere mantener la coherencia estética, pero mejorar la calidad, reducir el impacto ambiental y optimizar los costes de producción. Para ello, deben buscar nuevos proveedores de materiales.

Imagina que formas parte del equipo de compras y sostenibilidad de Moda Arwen. Debes colaborar en la selección de proveedores para los siguientes materiales clave de la colección:

- Lino reciclado para pantalones.
- Botones de coco natural.
- Cremalleras metálicas sin níquel.

Establece los criterios de selección de proveedores. Enumera al menos 4 criterios que utilizarías para valorar las opciones (por ejemplo: certificaciones, condiciones de entrega, precio, trazabilidad...).

Redacta una tabla comparativa que incluya:

- Nombre del material.
- Proveedor.
- Origen.
- Certificaciones disponibles.
- Precio por unidad (estimado).

Aplicación práctica 6. Plan de comunicación interna

U. A. 6. Comunicación interna

Imagina que formas parte del equipo de comunicación interna de Moda Arwen. Tu misión es diseñar un pequeño plan de comunicación interna para preparar a todo el equipo para el lanzamiento de "SuaveTecno 2025", especialmente a la fuerza de ventas.

Completa los siguientes tres objetivos del plan de comunicación interna (puedes redactarlos en primera persona):

- Que todo el equipo comercial...
- Que los departamentos internos...
- Que la fuerza de ventas pueda...

Indica 3 mensajes principales que debe conocer y transmitir el equipo de ventas sobre la nueva colección, por ejemplo:

- Qué valores transmite la colección.
- Qué beneficios técnicos tienen las prendas.
- Qué diferencia a esta colección de otras.

Selecciona 3 canales internos que usarías para comunicar esta información y justifica brevemente por qué.

Propón al menos 2 actividades interactivas que puedes organizar para reforzar el aprendizaje y motivar al equipo de ventas.

Aplicación práctica 7. Estrategia en redes sociales

U. A. 7. Las redes sociales

Moda Arwen, especializada en moda ética y urbana, está a punto de lanzar su nueva colección cápsula Silmë 2025, inspirada en la estética élfica y producida íntegramente con materiales reciclados y procesos artesanales de bajo impacto.

El equipo de comunicación ha decidido apostar por una estrategia de redes sociales centrada en tres plataformas: Instagram, TikTok y YouTube. Quieren diseñar una campaña que no solo tenga visibilidad, sino que cree comunidad, transmita los valores de marca y potencie la conexión emocional con los seguidores.

Para ello, han dividido el lanzamiento en tres fases:

1. Intriga previa al lanzamiento, donde mostrarán detalles visuales sin revelar las prendas completas.
2. Presentación de la colección, con vídeos cortos, entrevistas al equipo de diseño y desfiles en formato *reels*.
3. Post-lanzamiento, centrado en contenidos colaborativos con *influencers* sostenibles y propuestas de estilismo realistas.

Te incorporas al equipo como apoyo en la campaña de redes. Tu misión es proponer ideas bien fundamentadas que ayuden a construir una estrategia coherente, adaptada a cada canal y al tipo de contenido que mejor funciona en cada momento.

- Si tuvieras que diseñar una acción concreta para la fase de intriga en Instagram, ¿qué tipo de contenido publicarías? ¿Qué formato usarías y qué emociones te gustaría despertar en la audiencia?
- Durante la fase de presentación de la colección, se quiere utilizar TikTok para llegar a un público joven. ¿Qué tipo de vídeo corto crees que generaría más *engagement*? Justifica tu respuesta teniendo en cuenta las tendencias actuales de la plataforma.

- Imagina que un cliente potencial comenta: "Otra marca más con postureo eco. ¿Qué certificaciones reales tienen?". Redacta una respuesta pública desde el perfil de Arwen que defienda la autenticidad de la marca, sin perder un tono amable y profesional.

- En la fase post-lanzamiento, el equipo duda entre hacer una serie de vídeos de "cómo combinar tu prenda Arwen" o centrarse en mostrar el impacto positivo del proceso de fabricación. ¿Cuál de las dos opciones priorizarías y por qué, en función de los objetivos de fidelización y reputación de marca?

Solucionario

U. A. 1. Prospección

1. c	**6.** c
2. b	**7.** b
3. c	**8.** a
4. a	**9.** c
5. c	**10.** b

U. A. 2. Herramientas y estrategias de desarrollo de colección

1. c	**6.** d
2. c	**7.** c
3. c	**8.** b
4. b	**9.** b
5. c	**10.** c

U. A. 3. Desarrollo producto

1. c	**6.** c
2. b	**7.** b
3. c	**8.** c
4. b	**9.** b
5. d	**10.** b

U. A. 4. Marketing aplicado a producto

1. c	**6.** b
2. b	**7.** c
3. d	**8.** c
4. c	**9.** d
5. d	**10.** c

U. A. 5. Gestión proveedores

1. c	**6.** c
2. c	**7.** b
3. b	**8.** a
4. d	**9.** b
5. b	**10.** b

U. A. 6. Comunicación interna

1. c	**6.** b
2. c	**7.** c
3. c	**8.** c
4. b	**9.** b
5. c	**10.** b

U. A. 7. Las redes sociales

1. a

2. a

3. c

4. b

5. c

6. c

7. c

8. c

9. b

10. d

Ejercicio de evaluación final

1. ¿Cuál es el objetivo principal de la prospección digital en marketing?

   a. Hacer estudios de usabilidad.

   b. Crear páginas web.

   c. Programar *chatbots.*

   d. Localizar y captar clientes potenciales en medios digitales.

2. ¿Cuál es la primera fase del ciclo de *coolhunting*?

   a. Medición del ROI.

   b. Selección de tendencias.

   c. Observación en entornos digitales.

   d. Implementación en campañas.

3. ¿Qué ventaja ofrece el comercio social?

   a. Es exclusivo para ecommerce de lujo.

   b. Obliga a usar apps externas.

   c. Permite comprar sin salir de la red social.

   d. Reduce el número de usuarios.

4. ¿Qué define a una colección de temporada?

   a. Desfiles espontáneos.

   b. Venta sin catálogo.

   c. Planificación según estaciones del año.

   d. Alta rotación semanal.

5. ¿Cuál es el rasgo diferencial de una colección crucero?

    a. Tiene inspiración vacacional y exclusiva.

    b. Se lanza solo en Navidad.

    c. No se vende online.

    d. Se presenta en semanas de la moda.

6. ¿Qué caracteriza a una colección reprise?

    a. Reedita prendas exitosas anteriores.

    b. Usa solo colores neutros.

    c. Basada en colecciones infantiles.

    d. Hecha solo con tejidos reciclados.

7. ¿Qué caracteriza a la pronto moda?

    a. Longevidad del catálogo.

    b. Alta planificación y exclusividad.

    c. Fabricación artesanal.

    d. Producción continua e inspiración en tendencias.

8. ¿Qué herramienta se utiliza para generar expectación antes del lanzamiento de una colección?

    a. Webinars privados.

    b. *Teasers* visuales.

    c. *Feedback* interno.

    d. Precios rebajados.

9. ¿Qué función cumple el *feedback* posterior al lanzamiento?

    a. Elaborar nuevas campañas offline.

    b. Cambiar el logotipo.

    c. Ajustar la estrategia comercial.

    d. Eliminar productos defectuosos.

10.¿Qué contiene una ficha técnica de producto?

    a. Opiniones de usuarios.

    b. Políticas de privacidad.

    c. Datos esenciales: materiales, costes, condiciones.

    d. Solo el diseño gráfico.

11.¿Qué permite un prototipo digital?

    a. Iniciar la distribución.

    b. Lanzar publicidad automatizada.

    c. Comprar directamente en redes.

    d. Visualizar y ajustar un producto sin producirlo físicamente.

12.¿Qué utilidad tiene un render 3D en la presentación digital?

    a. Permite mostrar el producto de forma atractiva.

    b. Optimiza el SEO.

    c. Aumenta la producción.

    d. Mejora la calidad del sonido.

13.¿Qué método usa gráficas para controlar procesos productivos?

    a. Design Thinking.

    b. Modelado 3D.

    c. Control estadístico de procesos (SPC).

    d. Benchmarking.

14.¿Qué es un KPI en la producción?

    a. Indicador clave de calidad.

    b. Técnica de diseño de moda.

    c. Un tipo de *packaging*.

    d. Una red social.

15.¿Qué es el valor percibido?

    a. Beneficios que el cliente cree recibir.

    b. Tiempo de fabricación.

    c. Coste de envío.

    d. Precio final sin impuestos.

16.¿Qué es una estrategia de precio psicológico?

    a. Usar precios redondos.

    b. Evitar mostrar el precio.

    c. Aplicar precios como 9,99 € en vez de 10 €.

    d. Cobrar en criptomonedas.

17.¿Qué es el branding?

    a. Manual de usuario.

    b. Identidad visual y comunicativa de la marca.

    c. Proceso contable.

    d. Logística de distribución.

18.¿Qué define una estrategia omnicanal?

    a. Publicidad en radio.

    b. Exclusividad del canal web.

    c. Integración de canales físicos y digitales.

    d. Uso de solo una red social.

19. ¿Qué se busca al segmentar un público objetivo?

    a. Eliminar competencia.

    b. Adaptar el mensaje a un perfil específico.

    c. Evitar promociones.

    d. Simplificar la producción.

20. ¿Qué debe incluir una reunión efectiva?

    a. Agenda clara y objetivos definidos.

    b. Comunicación informal.

    c. Solo participación de directivos.

    d. Uso exclusivo del correo electrónico.

21. ¿Qué evalúa el criterio de "uso previsto" en un material?

    a. Su adecuación funcional al producto final.

    b. El precio medio del producto.

    c. Su tendencia estética.

    d. La calidad visual.

22. ¿Qué documento recoge datos técnicos de un material?

    a. Muestra de cliente.

    b. Ficha técnica.

    c. Hoja de ruta comercial.

    d. Boletín informativo.

23. ¿Qué plataforma se utiliza para encontrar proveedores internacionales?

    a. Slack.

    b. Canva.

    c. Trello.

    d. Alibaba.

24.¿Qué revisamos al analizar una muestra física?

a. El historial del proveedor.

b. El tamaño del equipo comercial.

c. Calidad de materiales y acabados.

d. El diseño de marca.

25.¿Qué es una feria profesional?

a. Actividad lúdica de promoción.

b. Lugar para encontrar proveedores y materiales.

c. Evento para consumidores finales.

d. Exposición de marca en tiendas.

26.¿Qué se entiende por "comportamiento técnico" de un material?

a. Sus propiedades físicas y funcionales.

b. Su aspecto visual.

c. Su impacto en redes sociales.

d. Su legalidad comercial.

27.¿Qué representa la certificación GOTS?

a. Autorización para vender en Amazon.

b. Etiqueta de lujo.

c. Registro de marcas.

d. Garantía de textiles orgánicos.

28. ¿Cuál es una buena práctica para mejorar la comunicación interna en una empresa?

a. Fomentar la participación y la comunicación bidireccional.

b. Limitar los canales a uno solo.

c. Evitar reuniones para ahorrar tiempo.

d. Utilizar jerga técnica para todos los empleados.

29. ¿Qué función cumple un manual de bienvenida?

a. Sustituir las reuniones presenciales.

b. Mostrar estadísticas de ventas.

c. Integrar a los nuevos empleados en la cultura y normas de la empresa.

d. Informar a proveedores externos.

30. ¿Qué caracteriza al entorno 2.0 frente al 1.0?

a. Está centrado exclusivamente en el e-commerce.

b. Facilita la comunicación colaborativa y en tiempo real.

c. No permite interacción.

d. El contenido es solo generado por empresas.

Bibliografía

Webgrafía

Colecciones crucero, resort o pretemporada

https://elle.mx/moda/2023/09/07/que-son-colecciones-crucero-resort-pretemporada

Comunicación interna

https://www.grupocastilla.es/comunicacion-interna/

Coolhunting

https://universidadeuropea.com/blog/coolhunting/

Desarrollo de productos

https://www.questionpro.com/blog/es/desarrollo-de-productos/

Marketing aplicado

https://www.cyberclick.es/numerical-blog/marketing-aplicado-que-es-ventajas-y-ejemplos

Marketing en redes sociales

https://www.liderlogo.es/marketing/marketing-en-redes-sociales-que-es-y-como-funciona/

Medidas de control interno

https://www.sepblac.es/es/sujetos-obligados/obligaciones/medidas-de-control-interno/

Métodos más utilizados para el blanqueo de capitales y cómo detectarlos

https://www.cursosfemxa.es/blog/metodos-blanqueo-capitales

Obligaciones de información

https://www.sepblac.es/es/sujetos-obligados/obligaciones/obligaciones-de-informacion/

¿Qué es el blanqueo de capitales?

https://www.consilium.europa.eu/es/infographics/anti-money-laundering/

Qué es el *branding*

https://blog.hubspot.es/marketing/guia-branding

Qué es el *coolhunting* y cómo detectar tendencias de mercado

https://www.iebschool.com/hub/coolhunting-marketing-digital/

¿Qué es el desarrollo de productos?

https://www.ibm.com/es-es/topics/product-development

¿Qué es la gestión de proveedores?

https://www.ibm.com/es-es/topics/supplier-management

Qué es una colección crucero

https://www.vogue.es/moda/articulos/que-es-una-coleccion-crucero-o-todo-lo-que-ha-hecho-dior-por-poner-el-lexico-de-moda-en-boca-de-todos

Reuniones eficaces

https://shinecoachingbarcelona.com/es/reuniones-eficaces-trabajo-en-equipo/

Sanciones de la ley de prevención de blanqueo de capitales

https://www.prevenirblanqueo.com/sujetos-obligados-pbc/sanciones-es

Sujetos obligados

https://www.sepblac.es/es/sujetos-obligados/